참자기가 이끄는
소인격체 클리닉

IFS 워크북

참자아가 이끄는 소인격체 클리닉

IFS 워크북

Bonnie J. Weiss, LCSW 지음
이진선, 이혜옥 옮김

Σ 시그마프레스

참자아가 이끄는
소인격체 클리닉 IFS 워크북

발행일 | 2016년 12월 1일 1쇄 발행

저자 | Bonnie J. Weiss, LCSW
역자 | 이진선, 이혜옥
발행인 | 강학경
발행처 | ㈜시그마프레스
디자인 | 송현주
편집 | 이지선

등록번호 | 제10-2642호
주소 | 서울특별시 영등포구 양평로 22길 21 선유도코오롱디지털타워 A401~403호
전자우편 | sigma@spress.co.kr
홈페이지 | http://www.sigmapress.co.kr
전화 | (02)323-4845, (02)2062-5184~8
팩스 | (02)323-4197

ISBN | 978-89-6866-836-4

Self-Therapy Workbook : An Exercise Book For The IFS Process

* 책값은 뒤표지에 있습니다.
* 이 도서의 국립중앙도서관 출판예정도서목록(CIP)은 서지정보유통지원시스템 홈페이지
 (http://seoji.nl.go.kr)와 국가자료공동목록시스템(http://www.nl.go.kr/kolisnet)에서 이용하
 실 수 있습니다.(CIP제어번호 : 2016027678)

이 책은 단순한 워크북, 그 이상이다! 제이 얼리의 참자아가 이끄는 소인격체 클리닉의 핵심 내용을 워크북 형식으로 정리하였을 뿐만 아니라, IFS에 대한 본보기 훈련 방법을 설명해주고 있어 IFS 훈련생, 강사, 내담자, 코치, 치료사에게 없어서는 안 될 책이다.

— 에버렛 콘시딘, IFS 강사, IFS인증 임상가

참자아가 이끄는 소인격체 : 클리닉 IFS 워크북은 참자아 리더십 역량을 쌓아가려는 모든 사람을 위해 종합적으로 잘 구성된 반려 책자다. 이 워크북은 IFS 모델을 처음 접하는 사람들에게 본보기적인 내용을 소개하고 있지만, 세련된 정교함과 다루는 범위는 전문가 수준의 임상가들에게도 유익하다. 늘 그렇듯이 저자 와이스는 훌륭한 명상자료들을 모아 독자의 내적 경험과 함께 반추 및 점진적인 성장을 기록할 수 있는 많은 공간을 열어놓고 있다. 개인뿐만 아니라 전문가들에게 치료과정의 귀중한 촉진제로서 이 워크북을 적극 추천한다.

— 로잔느 키이프, LICSW

IFS 프로세스를 이해하며 쉽고 효과적으로 사용할 수 있는 방법을 원하는 분들에게 이 워크북은 제이 얼리가 지은 참자아가 이끄는 소인격체 클리닉에 기술된 단계를 명료하게 세분화하고 있다. 명확한 연습 활동과 도움을 주는 이미지는 본문과 잘 통합되어 있고, 사례들이 있어 이 워크북을 쉽게 사용할 수 있다. 원저의 내용을 확장하여 양극화 현상과 부부작업에 대한 내용이 추가되어 감사하다. 내담자들에게 IFS 프로세스를 교육하기 위해서뿐만 아니라, 그들로 하여금 스스로 이 프로세스를 사용하도록 힘을 북돋워주기 위해 이 책을 권하고 있다.

— 낸시 다겐하트, IFS 치료사

이 워크북은 참자아가 이끄는 소인격체 클리닉의 매우 유용한 자매서다. IFS 프로세스 전 과정을 단계별로 안내한다. 이 책의 명료함과 단순함은 독자에게 IFS의 이론적인 개념을 벗어나 치유를 향한 실제적이고 유용한 단계로 향하게 해준다. 자기 성장과 치유를 위해 IFS를 사용하고자 하는 사람들에게는 필독서다.

— 일리사 배스, IFS 치료사, 이스라엘 예루살렘

이 책은 금광이라 해도 지나치지 않다. 탁월한 책 참자아가 이끄는 소인격체 클리닉을 실용성 면에서 한 단계 높이고 있다. 이 워크북은 독자들에게 내면의 걸림돌과 반복적인 고통을 작업해나가는 데 큰 도움을 줄 것이라 확신한다. 이 책은 내 개인적인 참고서인 동시에 내담자에게 추천하는 책이기도 하다.

— 로니 그랜델, 심리학자, 핀란드

국 내에 IFS를 보급하고, 체계적인 교육을 위해 힘쓰는 과정에서 큰 힘을 얻게 되었다. 바로 이 워크북이 출간되었기 때문이다.

IFS의 기본 개념, 즉 참자아(Self), 보호자(Protector), 추방자(exile)의 개념과 역동은 직관적으로 쉽게 이해할 수 있기 때문에, 초심자들뿐만 아니라 여타 양식을 사용하는 전문가도 방법적인 것만 습득하면 어렵지 않게 심리치료 회기를 이끌어나갈 수 있을 것으로 생각한다.

실제 치료현장에서는 상담자와 내담자의 참자아 상태가 불완전한 상황에서 보호자를 충분히 다뤄주지 않고 추방자 치료로 들어가려는 조급한 마음 때문에 혼란스럽고 애매한 상황에 처하여 IFS 프로세스 진행에 어려움을 겪는 경우를 어렵지 않게 볼 수 있었다.

이러한 시기에 참자아가 이끄는 소인격체 클리닉(*Self Therapy*)의 자매서인 워크북이 출간되어서 IFS 교육을 위한 교재로서뿐만 아니라 실제 치료현장 상황을 훈련하는 훌륭한 교재가 될 것으로 확신한다.

모쪼록 이러한 자료들이 국내에 제대로 보급되어, 올바른 치유 방법의 귀중한 밑거름이 되기를 소망한다.

이 워크북은 제이 얼리가 지은 참자아가 이끄는 소인격체 클리닉의 자매서다. 참자아가 이끄는 소인격체 클리닉은 리처드 슈워츠가 창시한 내면가족시스템치료 모델(www.selfleadership. org)의 각 단계를 소개하고 있다. 이 책은 기본적인 IFS 프로세스의 학습을 촉진시키기 위한 것이다. 이 워크북은 보호자와의 작업을 통해 부분에 접근하는 것부터 정신세계의 깨지기 쉽고 추방된 부분들을 알아가고 치유하기까지의 전 프로세스를 단계별로 안내하고 있다. 통합된 개념 설명과 연습이라는 형식은 개인 탐색뿐만 아니라 소그룹 및 교육반에서 활용하기에 매우 적합하다. 연습은 혼자서 할 수도 있고, 파트너와 할 수도 있다. 워크북 구조는 프로세스를 일기식으로 따라갈 수 있게 해준다.

워크북은 얼리가 요약한 단계들을 비롯하여 확장된 연습과제를 제공해주며 IFS 프로세스를 통합시켜주고 있다. 또한 탐색하고 있는 생각을 명료화하기 위하여 연습에 대한 대답 예문을 제공한다. 이 워크북은 부부를 대상으로 한 IFS, 양극화 현상 및 소방관에 대한 장을 포함시켰기에 기존의 참자아가 이끄는 소인격체 클리닉에서 한걸음 더 나아간다. 여러 가지 IFS 아이디어, 회기 축어록, 충실한 사례 설명을 원한다면 참자아가 이끄는 소인격체 클리닉을 참조하라.

임상가로서 제이와 나는 IFS 모델을 발견하여 너무나도 기뻤다. 이를 통해 우리는 그동안 받은 훈련과 임상경험을 수년간의 영적 수련과 통합시킬 수 있었다. 참자아의 개념은 치료 도구로서 더 높은 의식의 힘을 치료현장에 가져온다. 우리는 이 모델을 세상에 알리기 위한 슈워츠의 지칠 줄 모르는 헌신에 깊이 감사한다.

수년간 IFS모델을 가르치고 내담자에게 적용하면서 제이와 나는, 사람들이 성장하며 인성을 계발하고, 개인적인 어려움을 변화시키기 위한 노력을 기울이는 과정에서 IFS라는 강력한 도구들을 활용할 수 있도록 사용하기 쉬운 자료들을 제공해왔다. 심리치료사로서 우리는 도움의 관계가 갖는 중요성과 치료적 만남의 신성함을 매우 가치 있게 여기고 있다. 그러나 우리는 이 모델이 치료 영역 밖에까지 소개되어 많은 이들이 유익을 얻을 수 있을 뿐만 아니라, 자신들에 대한 이해를 넓히면서 지금까지 만족스럽게 기능할 수 있는 능력을 제한해왔던 내적 구조로부터 해방되기 위해, 혼자서 혹은 파트너와 작업을 진행할 수도 있다는 믿음을 가지고 있다. 우리는 이 워크북이 IFS작업에 있어서 명료하고 쉽게 따라갈 수 있는 구조를 제공함으로써 기존의 자료들을 보완할 수 있기를 바란다.

차례

연습
차례

제1장

IFS의 기초개념

내면가족 시스템(IFS)은 우리의 내면 삶을 깊이 존중하며 긍휼히 여기는 마음을 바탕으로 포용적·영적이면서 강력한 치유력을 가지고 있는 비교적 새로운 치료 방법이다. IFS는 우리의 정신세계가 소인격체라 불리는 서로 다른 부분들로 이루어져 있다는 사실을 인정한다. 이 부분들은 우리 안에 있는 작은 사람들이라고 볼 수 있다. 각 부분은 그들만의 관점, 감정, 기억, 목표와 동기를 가지고 있다. 예를 들면, 당신의 한 부분이 체중을 줄이려 애쓰고 있을 수 있지만 또 다른 부분은 원하는 것은 무엇이든지 먹고 싶어 할 수 있다. 우리는 모두 내면비판자, 버림받은 아이, 남을 기쁘게 하는 자, 화난 부분 그리고 사랑의 돌보미 같은 부분들을 잘 알고 있다.

부분은 자신들이 하는 모든 것에 대해 나름대로의 동기를 가지고 있다. 아무것도 습관적으로 하지 않는다. 당신이 학습한 사고패턴이나 행동이 아닌 것이다. 모든 것이 (순전히 생리적인 반응을 제외하고는) 이유를 가지고 — 비록 그 이유가 무의식적일지라도 — 부분들이 행하는 것이다.

부분들을 이런 식으로 이해하면 당신은 자신의 내면 시스템을 변화시킬 수 있는 엄청난 힘을 갖게 된다. 이것은 당신의 행동, 감정 및 태도를 이해할 만한 이론적 근거가 있음을 의미한다. 이 부분들을 알아가고, 그들과 관계를 발전시키며, 그들이 치유될 수 있도록 도울 수 있는 것이다. 일단 치유되면 그들은 더 이상 당신의 의도와 가치 및 목표에 조화되지 않는 듯한 방식으로 행동할 필요가 없다. 조화로운 통합의 가능성이 현실이 된다.

리처드 슈워츠는 IFS 방법을 개발하면서 모든 부분이 — 그 행동에 많은 문제가 있을지라도 —

당신에 대해 긍정적인 의도를 가지고 있다는 사실을 발견하였다. 예를 들면, 빌은 자신의 참된 가치와 걸맞지 않게 판단적이며 다른 사람들과 경쟁하는 것을 좋아하는 부분을 가졌다. 그러나 정말로 그 부분을 알아가면서 그는 그 부분이 자신만의 방식으로 — 다른 사람보다 낫다는 느낌을 가지려는 — 단순히 자신의 기분을 좋게 만들려고 애쓰고 있는 사실을 발견하였다.

부분이 긍정적인 의도를 가지고 있다는 사실을 이해한다고 해서 당신이 부분에게 힘을 부여하는 것은 아니다. 빌은 판단적이고 경쟁적인 모습인 자신의 부분을 드러내기를 원치 않는다. IFS 방법을 사용하여 빌은 이해와 감사의 마음을 가지고 이 부분과 관계를 맺는 한편, 그 부분을 치유하기 위한 단계를 밟는다.

이 방법은 우리가 보통 부분들과 관계 맺는 방식과는 근본적으로 다르다. 보통 우리가 부분을 인식하게 될 때 제일 먼저 하게 되는 것은 그 부분을 평가하는 것이다. 그 부분이 우리에게 좋은 가, 나쁜가? 만약 그 부분이 좋다고 판단하면 우리는 그 부분을 포용하고 그것에 힘을 부여한다. 만약 그 부분이 나쁘다고 판단하면 우리는 그것을 억압하거나 제거하려 애쓴다. 진실은, 당신은 부분을 제거할 수 없다는 것이다. 당신은 그 부분을 당신 정신세계의 심층부로 밀어 넣을 뿐이다. 거기서 그 부분은 당신이 자각하지 못하는 상태에서 당신에게 계속 영향을 끼치게 된다.

IFS에서는 전체적으로 그리고 근본적으로 다르게 접근한다. 우리의 모든 부분들을 호기심과 긍휼한 마음으로 따뜻이 대한다. 우리는 그들을 이해하고자 하며 그들이 우리를 도우려는 노력을 인정한다. 우리는 각 부분들과 돌봄 및 신뢰의 관계를 발전시키고 그들을 자신의 짐으로부터 해방시키는 단계를 밟아 건강하게 기능할 수 있도록 한다.

IFS 시스템에서 자신을 탐색할 때 보통 처음 만나게 되는 부분은 보호자들이다. 그들의 임무는 세상을 다루고 당신을 보호하며 지속적으로 기능하게 만드는 것이다. 그들은 사람들과 책임 및 주어진 환경에서의 상황과 합리적이고 전략적으로 교류한다. 또 다른 주 기능은 당신을 추방자들의 고통으로부터 보호하는 것이다. 추방자들은 과거로부터 온 고통을 참고 있는 어린아이 부분들이다. 보호자들이 그들을 대체로 추방된 상태로 남아 있도록 추방자를 의식세계로 들어오지 못하게 막고 있는 것이다.

앞의 예에서 빌은 경쟁심이 강하고 다른 사람들을 향해 판단적인 보호자를 가지고 있다. 그 보호자는 무언가 모자란다고 느끼는 추방자로부터 빌을 보호하기 위해 빌이 우월감을 느끼도록 돕고 있다. 추방자는 아마도 과거에 자신이 쓸모없다고 느끼도록 만든 모종의 모욕이나 거절을 경험했을 것이다.

부분들은 과거에 자신들에게 있었던 사건 때문에 이 역기능적인 역할을 떠맡게 된다. 추방자들은 어릴 적에 경험했던 사건으로부터 고통과 짐을 떠안는다. 보호자들은 추방자들을 보호하기 위해서 혹은 당신을 추방자들의 고통으로부터 보호하기 위해 그 역할을 떠맡는 것이다.

IFS 프로세스

IFS는 당신이 건강하게 기능할 수 있도록, 부분들을 이해하고 작업하는 방법을 통해 이러한 부분들이 과거부터 짊어지고 있는 짐을 내려놓도록 하여 시스템을 치유한다. 이러한 치유의 열쇠는 참자아(Self)다. IFS는 우리 각자가 영적인 중심, 즉 진정한 참자아(true Self)를 가지고 있다고 인식한다. 이 참자아는 사람들에 대해, 특히 우리 자신의 부분들에 대해 천부적으로 긍휼의 마음과 호기심을 가지고 있다. 참자아는 각 부분과 관계를 맺고 그들을 알아가며 이해하고 싶어 한다. 참자아는 고통의 짐을 짊어지고 있는 추방자에 대해 긍휼히 여기는 마음을 가지고 있다. 참자아는 또한 보호자들과 추방자들이 또다시 상처를 입거나 그에 노출되지 않도록 하기 위해 그들이 떠맡고 있는 힘든 임무에 대해서도 긍휼히 여기는 마음을 가지고 있다. 참자아는 때로는 부분들이 강렬한 정서 상태에 있을 때에도 침착과 중심을 유지할 수 있다. 비록 부분의 활동 때문에 때때로 참자아에게 접근하기가 쉽지 않을 수는 있지만, 참자아는 모든 사람에게 있다.

참자아는 치유의 행위자다. 각 부분을 사랑하고 치유할 수 있는 내면 시스템의 진정한 리더다. IFS 프로세스의 첫 단계는 참자아에게 접근하는 법을 배우는 것이다. 그리고 나서 참자아는 자신의 에너지를 부분에게 집중시킨다. 빌은 판단하는 부분에 초점을 맞춤으로써 자신의 IFS 작업을 시작하였다. 어느 정도 작업을 통해 그는 진정으로 참자아 상태에 있을 수 있었다. 그리하여 판단하는 부분을 알아가는 데 관심을 갖게 되었다. 그는 그 부분이 모자란 듯한 느낌을 갖고 있는 자신의 추방자를 보호하려 애쓰고 있다는 사실을 알게 되었다. 빌은 상당히 지능이 높고 능력도 있었지만 어릴 적에 학습장애를 가지고 있었다. 그래서 학교에서는 모자란 듯이 느꼈던 빌의 어린 부분이 있었다. 판단하는 부분은 다른 사람들보다 우월하다고 느낌으로써 이 모자라다는 느낌을 보상하고자 애쓰고 있었다. 빌은 판단적이며 경쟁을 좋아하는 가정에서 성장하였다. 따라서 그것이 판단하는 부분의 일차적인 모델이 되었다. 빌이 판단하는 부분을 알아가면서 왜 그 부분이 그동안 그렇게 행동하였는지 이해하였고, 자신을 위한 그 부분의 노력을 인정하였다.

그리고 나서 빌은 모자라다고 느끼는 추방자와 접촉하였다. 그는 이 부분이 자신이 가진 학습장애 때문에 수치심을 느끼고 모자라는 느낌을 가지던 어릴 적 장면을 자신에게 보여줄 때 귀를 기울이고 주목하였다. 그리고 긍휼한 마음과 돌보는 마음으로 추방자를 대하였다. 그 어린 부분은 처음으로 소중히 여김을 받으며 스스로가 귀하다는 느낌을 받게 되었다. 그때까지 그 추방자는 빌의 무의식 상태 가운데 숨겨져 있었고 그로 인해 자신이 쓸모없다는 느낌만 커갔던 것이다. 빌의 참자아가 베푸는 사랑으로 이 어린 부분은 그동안 짊어지고 있었던 모자람의 짐을 내려놓을 수 있었고 자신에 대해 뿌듯해할 수 있었다. 이로 인해 판단적인 보호자는 긴장을 늦출 수 있었다. 보호자는 추방자의 고통을 보상하기 위해 더 이상 사람들을 판단할 필요가 없었다. 이것은 빌로 하여금 자신이 늘 바라던 방식대로 — 마음을 열고 수용적이며 협조하는 태도로 — 사람들을 대할 수 있게 해주었다.

IFS 원리

IFS 모델에는 몇 가지 기본 원리가 있다. 이 개념들은 이 워크북에 기술된 작업의 근간을 이루고 있다.

- 모든 부분을 따뜻이 맞이한다.
- 부분에게 비켜서라고 혹은 떨어지라고 강요하지 않는다. 단지 요청한다.
- 부분들이 어떤 일을 할 용의가 있는지, 없는지에 대해 그들이 갖고 있는 이유를 존중한다.
- 모든 부분은 그 중심에 긍정적인 의도를 가지고 있다. 그리고 궁극적으로 당신에게 가장 유익이 되는 것을 원한다. 만약 그들이 부정적인 의도를 가진 것처럼 보이면 그들은 전략을 사용하고 있는 것이다. 과거 어떤 순간에는 타당하였으나 이제는 더 이상 효과가 없다. 그들이 보다 더 효과적인 전략을 수용할 수 있도록 돕기 위해서는 그들의 세계로 들어가 그 전략들의 원천을 이해하는 것이 핵심이다.
- 부분들은 일단 자신의 두려움이 해결되고, 당신이 참자아 상태에 있다는 것을 느끼며, 당신의 의도를 이해할 수 있다면 협조한다.
- IFS를 이용하여 당신 자신과 작업할 때 잘못될 가능성은 없다. 비록 당신의 프로세스가 완전히 가로막힐지라도 그것은 단지 보호자가 어떤 이유에서 그 프로세스를 중단시키고 있음을 의미할 뿐이다. 그 보호자에게 접근하여 왜 그런 식으로 행동하고 있는지 알아본다.
- 가장 빨리 문제를 해결하는 방법은 인내와 존중의 마음으로 천천히 관련된 모든 부분들과 작업하는 것이다.

제2장

안내 명상

안 내 명상은 변형된 의식(의식 변용) 상태를 이끌어내는 청각 여정이다. 이 과정에서 당신은 정신세계 심층에 있는 것들을 좀 더 쉽게 접촉할 수 있게 된다. 이 책에 세 가지의 안내 명상을 수록하였다.

- 참자아 상태로 들어가기
- 보호자들을 인정하기
- 활성화된 추방자를 달래기

안내 명상의 축어록이 부록 B에 실려 있다.

이 같은 심상(imagery) 훈련을 할 때는 완전히 긴장을 늦추고 편안한 자세로 앉거나 눕는 것이 가장 좋다. 운전을 하거나 정신을 차리고 집중을 해야 할 때는 안내 심상(guided imagery)에 귀를 기울이지 말라. 만약 당신이 안내 명상 시간에 잠드는 경향이 있다면 머리를 받치지 않고 곧추 앉는 자세를 취하는 것이 가장 좋다. 이렇게 하면 긴장을 충분히 늦추도록 하면서도 깨어 있도록 해줄 것이다. 식사를 많이 한 후 혹은 고단할 경우에는 특히 이 자세를 취하도록 한다.

안내 명상을 받아들이는 가장 좋은 태도는 내려놓음과 정신집중을 동시에 진행하는 것이다. 내려놓음은 심상이 당신 정신세계의 심층으로부터 자유롭게 떠오르도록 해준다. 이미지는 느껴지는 감각, 들리는 단어를 통제하려고 애쓸 필요가 없다. 자발적으로 떠오르는 것이 무엇이든 의심하거나 버리지 않는 것이 중요하다. 당신이 그것을 이해하지 못하거나 받아들일 수 없다고 생각하기 때문에 무언가를 버리고 싶을 수도 있다. 때로는 즉각적으로 분명하지 않은 무언가가 떠오르도록 놓아두는 것이 실제로 도움이 되기도 한다. 우리 정신세계로부터 나오는 가장 중요한 정보들은 대체로 쉽게 이해되지 않는다. 우리 자신을 처음에 거절하고 싶은 것과 함께 있도록 할 때 자기 이해의 새로운 길이 열릴 수 있다. 이미지나 다른 정보가 나름대로의 이유가 있어 떠올랐으며 당신은 자신의 정신세계를 두려워할 필요가 없다는 사실을 신뢰하도록 하라.

나머지 중요한 능력은 정신집중이다. 이것은 내면 여정의 끈을 놓치지 않을 뿐만 아니라 명상 안내의 궤도도 이탈하지 않음을 의미한다. 명상을 하는 동안 멍해지거나 관계없는 문제에 대해 몽상에 잠기기 쉽다. 이것은 거의 모든 사람에게 자주 일어난다. 만약 당신이 초점을 잃었다는 사실을 알았으면 염려하거나 스스로를 판단하지 말라. 그냥 조용히 명상의 궤도로 되돌아오도록 하라.

모든 심상이 시각적이어야 한다고 가정하지는 말라. 어떤 사람들은 시각화를 잘 못하지만, 신체 심상을 잘한다. 그들은 신체 감각, 자세, 움직임을 감지한다. 그리고 그들은 자신의 몸을 서로 다른 모습으로 머릿속에 그리기도 한다. 이것은 운동감각 심상(kinesthetic imagery)이라 불린다. 어떤 사람들은 이런 방식으로 심오한 명상 경험을 갖는다. 또 어떤 사람들은 주로 음성이나 단어, 소리를 들음으로써 정보를 얻는다. 따라서 당신이 시각화에 어려움이 있다면 어떤 정보가 다른 채널을 통해 들어오고 있는지 감지하라.

제3장

참자아

다행스럽게도 인간은 부분들의 단순 집합체가 아니다. 훨씬 그 이상이다. 우리의 진정한 참자아(Self)는 성숙하고 사랑을 베풀며 우리의 부분들을 치유하고 통합시키는 역량을 갖고 있다.

우리 각자는, 우리의 진정한 자신이며 영적 중심인, 내면의 핵심적인 측면을 가지고 있다. 우리의 극단적인 부분들이 활성화되지 않거나 방해하지 않을 때는 진정한 우리의 모습인 이 핵심에 접근한다. 참자아는 긴장을 늦춘 상태로 마음을 열고 다른 사람들과 우리 자신을 수용한다. 우리가 참자아 상태에 있을 때는 안정되고 중심이 잡혀 있으며 비반응적이고 사람들의 행동에 의해 자극받지 않는다. 심지어 힘든 환경 가운데서도 침착함과 고요함을 유지한다. 참자아는 우리의 부분보다 훨씬 크고 넓다. 그리고 부분들을 놀라게 할 만한 사건에 놀라지 않는다. 참자아 상태에 있을 때는 우리 각자가 시스템의 빛나는 중심이다.

IFS 모델은 참자아의 주된 속성, 8C에 대해 이야기한다. 긍휼함(compassion), 호기심(curiosity), 관계성(connection), 침착함(calm), 담대함(courage), 명료함(clarity), 돌봄(caring), 창의성(creativity)이 그것이다. 다음에 설명된 네 가지 역량이 IFS 회기를 진행해나가는 데 가장 관련된 부분이다.

참자아 역량

♥ 긍휼함   ♥ 담대함
♥ 호기심   참자아   ♥ 명료함
♥ 관계성   ♥ 돌봄
♥ 침착함   ♥ 창의성

1. **참자아는 관계적이다.** 당신이 참자아 상태에 있을 때는 자연스럽게 다른 사람들에게 친밀감을 느끼며 화목하고 지지적인 방식으로 관계를 맺고 싶어 한다. 당신은 자기도 모르게 다가가 그들과 접촉하고 공동체에 참여하고 싶어진다. 참자아는 또한 당신의 부분들과 관계를 맺고 싶어 한다. 당신이 참자아 상태에 있을 때는 당신의 각 부분과 관계 맺는 것에 관심을 갖는다. 이것이 부분들로 하여금 참자아 상태의 당신을 신뢰하도록 만들어 치유의 길을 열어놓는다.

2. **참자아는 호기심을 갖고 있다.** 당신이 참자아 상태에 있을 때는 열린 마음과 수용적인 자세로 다른 사람들에 대해 호기심을 갖는다. 그들을 탐색하여 체크하는 것은 당신이 그들을 이해하고 싶기 때문이지, 판단하고 싶어 하기 때문이 아니다. 참자아는 또한 당신 마음의 내면 작업에 대해서도 호기심을 갖는다. 당신은 왜 각 부분이 그런 식으로 행동하는지, 당신을 위한 그들의 긍정적인 의도가 무엇인지, 그들이 어떤 것을 막아주려 애쓰고 있는지 이해하고 싶어 한다. 이러한 호기심은 비판적인 자세가 아니라 수용적인 자세에서 나온다. 부분들이 이렇게 마음에서 우러나오는 관심을 감지할 때 자신들이 따뜻이 맞아주는 환경으로 들어가고 있다는 사실을 알게 되며 자신들을 당신에게 드러내는 것을 두려워하지 않게 되는 것이다.

3. **참자아는 긍휼한 마음을 가지고 있다.** 긍휼한 마음은 사람들이 고통 가운데 있을 때 솟아나는 일종의 친절과 사랑이다. 순수하게 다른 사람들이 어떻게 느끼는지에 대해 신경을 쓰며 종종 즉석에서 그들을 도와 어려운 시기를 통과하게 만든다. 당신이 참자아 상태에 있을 때 자연스럽게 당신 자신에 대해 긍휼한 마음을 갖는다. 부분들이 극단적일 때는 고통에 반응한다. 추방자들은 고통을 느끼고 보호자들은 고통을 피하려고 애쓴다. 당신 자신을 향한 긍휼한 마음은 이해를 위한 내면 추구 과정에서 가장 본질적인 요소이다. 긍휼한 마음은 당신

이 자신의 시스템을 탐색하는 동안 부분들을 보듬고 지지하며 양육하기 위해 필요하다. 당신의 부분들은 참자아의 긍휼한 마음을 감지할 수 있다. 긍휼한 마음은 부분들로 하여금 안전한 느낌과 돌봄을 받고 있는 느낌을 갖게 한다. 그래서 그들은 마음을 열고 자신들의 이야기를 당신과 나누고 싶어 하게 된다.

4. **참자아는 침착하고 중심이 잡혀 있으며 안정되어 있다.** 이것은 당신이 강렬한 감정을 가진 부분과 관계를 맺고 있을 때 특히 도움이 된다. 예를 들면, 만약 당신이 안정된 참자아 상태를 유지하고 있지 않다면 강렬한 비판이나 수치심은 압도적일 수 있다. 보호자들은 매우 강한 감정을 가진 부분을 피하려 할 것이다. 그러나 당신의 참자아 중 침착함의 중심이 잘 잡혀 있다면 강렬한 감정을 느끼고 있는 부분을 피할 필요가 없다. 그 부분이 당신에게 자신의 고통을 보여주는 동안에도 당신은 참자아 상태를 유지한다. 참자아의 침착함은 당신을 도와 부분을 목격하고 치유하는 힘든 작업을 통과하게 만든다.

이 모든 이유로 인하여 참자아는 IFS 작업에서 심리적인 치유의 행위자인 것이다. 참자아는 당신을 도와 당신의 부분들을 치유하고 변화시킨다. 그리하여 부분들은 자신들의 극단적인 감정과 행동에서 해방되고 당신 삶에서 건강한 역할을 취할 수 있게 된다.

정신세계의 구조

참자아는 또한 당신의 내면 시스템의 천부적인 리더이고 '의식의 자리'의 타고난 점유자다. 참자아는 위험을 무릅쓰는 용기를 가지고 있고, 현실을 분명하게 바라보는 관점을 가지고 있으며, 문제의 제대로 된 해법을 찾아낼 수 있는 창의력을 가지고 있다. 참자아는 균형을 유지하며 공평하다. 그리고 대부분의 상황에서 어떤 일이 일어나야 하는가를 통찰한다. 당신이 부분들을 치유하고 그들이 당신을 신뢰하게 되면 부분들은 결국 참자아가 자신들을 이끌어가도록 허락한다. 이상적으로 참자아는 의사결정을 하고 시스템을 전진시키는 존재다. 참자아는 오케스트라의 지휘자이며,

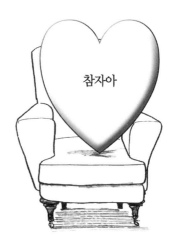

제시간에 관악기를 들어오게 하며, 연주자에게는 부드럽게 연주할 때를 알리고, 호른 독주의 신호를 보낸다. 참자아는 순간마다 최선의 행동방침을 선택하고 건강한 부분들로 하여금 그들의 재능

을 기부하도록 요청한다. 당신의 부분들은 참자아를 신뢰하고 그의 지혜를 의지한다.

IFS 작업의 목표는 각 부분들이 짐을 내려놓고 자신들의 건강한 역할을 찾으며 참자아의 이끎을 신뢰하도록 만드는 것이다. 참자아는 내면 시스템의 리더이기 때문에 신뢰를 받으며 온전함을 향해 시스템을 전진시킬 수 있다. 참자아는 각 부분과 작업하여 그 짐을 내려놓고 변화시킬 수 있다.

자기 명상

다음의 안내 명상은 당신의 참자아에 접근하고자 할 때 사용된다. 당신은 이 명상을 읽으며, 주기적으로 멈추어 눈을 감고, 단어가 감각과 이미지를 끌어내도록 한다. 자신의 목소리로 녹음해도 좋으며 친구에게 읽어달라고 해도 좋다. 그 밖에 이 워크북의 일부인 '자기 명상으로 들어가기'도 부록 B에 문자화되어 있다.

안내 명상은 변형된 의식(의식 변용) 상태를 이끌어내는 여정이다. 이런 종류의 심상 훈련을 할 때는 완전히 긴장을 늦추고 편안한 자세로 앉거나 눕는 것이 가장 좋다. 항상 온전히 정신을 집중하도록 한다. 시간을 충분히 갖고 신체 및 정서 수준 모두에서 이미지를 경험하도록 한다. 어떤 것이든 떠오르는 것은 그 순간에 당신에게 필요한 것이라고 믿으라. 옳고 그른 것이 없다. 그저 경험과 정보일 뿐이다. 즐기라.

명상 도입문

눈을 감으세요. 안으로 들어가세요….
그리고 당신의 신체 감각에 초점을 맞추기 시작하세요….
당신의 몸 안 어느 곳이든지 당신의 주의가 가는 곳을 그냥 감지하면서…
매 순간마다… 그 감각으로 시작하세요.
당신의 손이 따끔거리는지…
감은 눈꺼풀이 파르르 떨리는지…
배에 긴장이 풀리는지…
어깨에 근육이 뭉치는지…
어떤 것이든 그 감각과 함께하세요.

그리고 시간이 가며 당신의 주의는 몸의 다른 부분으로 옮겨갑니다….

그냥 그 감각과 함께하도록 하세요.

그 일을 하면서 당신의 긴장을 늦추세요…. 그리고 당신을 더 깊은 곳으로 데려가게 하세요.

그냥 계속해서 당신의 몸과 함께하세요…. 당신 자신의 깊은 곳으로.

그리고 이제 당신의 배에 주의를 기울이세요…. 배의 감각에.

빵빵한지… 부드러운지… 딱딱한지…

혹은 매번 숨쉴 때마다 배가 오르락내리락하는 감각…

혹은 전혀 다른 어떤 것.

그것이 어떤 것이든 그냥 배에 있는 감각과 함께하세요….

그리고 감각들이 당신을 의식의 중심으로 데리고 가게 하세요….

당신을 배 안에 정지시키세요…. 내면의 깊은 바닥 단단한 곳에 다다르게 하세요.

좋습니다. 이제 당신이 지금까지 있었던 이 깊은 장소로부터, 천천히 당신 자신을 꺼내오기 시작하세요….

심호흡을 시작하면서…

약간 꼼지락거리며… 눈을 뜨세요….

보통의 깨어 있는 의식 상태로 되돌아오세요.

IFS 프로세스의 단계

보호자와 작업하기

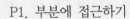

P1. 부분에 접근하기

P2. 표적 부분 분리시키기

P3. 참자아 리더십 체크하고 염려하는 부분 분리시키기

P4. 보호자 알아가기

P5. 보호자와 신뢰관계 발전시키기

제4장

부분에 접근하기

시작점

당신이 작업하고 싶은 문제가 있다고 가정하자. 어떤 부분들을 탐색할 것인지 어떻게 아는가? IFS에서는 문제를 때로는 시작점이라 부른다. **시작점**은 그것을 따라간다면 흥미로운 부분들로 나아갈 수 있는 단서를 제공해주는, 당신 삶 가운데 있는 경험이나 어려움을 말한다. 상황이나 당신이 반응하는 사람, 정서적 혹은 신체적 경험, 행동이나 사고의 패턴, 꿈 등이 될 수 있으며, 탐색 대상이 하나 이상의 부분이 될 수도 있다. IFS는 이것을 시작점이라고 부른다. 왜냐하면 그것은 치유로 나아갈 수 있는 시작이기 때문이다. 그것은 일반적으로 삶의 상황과 그 상황에 대한 당신의 반응, 둘 다를 포함한다.

부분에 접근하기

작업하면 도움이 될 만하다고 생각되는 부분에 접근함으로써 IFS 회기를 시작한다. 부분은 중요한 시작점과 연결되어 있거나 그 순간에 강렬한 감정을 유발할 수 있는 것이라 할 수 있다. 이 장에서는 부분에 쉽게 접촉할 수 있는 방법에 역점을 둔다. 부분을 충분히 알아가는 작업은 이어지는 장에서 다룰 것이다. 보호자부터 시작한다.

이 과정뿐만 아니라 IFS 회기에서는 언제나 눈을 감는 것이 가장 좋다. 이 작업은 다른 사람이나 애완동물, 전화 혹은 컴퓨터로부터 방해받지 않는 혼자만의 방에서 하기를 권한다. 신경이 분산됨을 막고 당신이 지금 접근하고 있는 보호자에게 완전히 초점을 맞출 수 있게 해주기 때문이다.

부분의 활성화

부분은 극단적인 감정이나 신념이 상황이나 사람에 의해 자극받을 때 **활성화**된다.

표적 부분

당신이 초점을 맞추고 있거나 작업하고 있는 부분이다.

부분에 접근하는 방법

감정 : 정서적으로 어떤 느낌이 드는가?

시각 : 부분의 이미지는 어떤가?

몸 : 당신 몸 안에 있는 부분이 어떻게 감지되는가?

언어 : 부분이 당신에게 어떤 이야기를 하는가?

부분에 대한 이름 : 묘사할 수 있는 구절, 사람 이름, 성품, 동물은 어떤 것인가?

신체 감각은 흔히 부분에 접근하는 가장 직접적인 통로이기는 하지만 접촉하고 정보를 얻는 데 반드시 필요한 것은 아니다. 부분은 당신 몸 안에서 혹은 몸 주위에서 감각으로 나타난다. 그것은 목의 뻣뻣함, 팔짱 끼는 습관 같은 만성적 감각일 수도 있고, 가슴의 공허함, 메스꺼움, 갑작스러운 두통과 같이 특정 부분에 주의를 기울이는 순간 발생하는 감각일 수도 있다.

부분에 접근할 때는 가능한 한 많은 정보 채널을 시도해보라. 그것들은 나름대로의 가치가 있기 때문이다. 그러나 이것들 중 하나만 **필요하다**.

일단 하나 혹은 그 이상의 채널을 통해 부분에 접근했으면 당신이 그것을 경험하면서 그 부분을 묘사하는 단어나 구절을 떠올리라. 그 부분에게 자신을 어떻게 묘사하겠느냐고 물어볼 수도 있다.

회기를 시작하는 세 가지 방법

1. 특정한 부분을 마음에 품기
2. 시작점과 작업하기
3. 현재 경험으로부터 시작하기

1. 특정한 부분과 작업하기

알아가고 싶은 부분을 생각하라. 그 부분이 그 순간에 활성화되어 있는지 체크하라. 그 부분을 보거나 느낄 수 있는지 감지함으로써 그 부분이 그 순간에 존재하는지 판단할 수 있다. 그 부분의 관점으로 세상을 쉽게 보고 감정을 느낄 수 있는가?

부분이 활성화되어 있지 않을 때

활성화되어 있지 않다면 그 부분이 활성화되었던 최근의 상황을 생각하라. 지금 그 상황에 처해 있는 자신의 모습을 그려보라.

연습 **활성화되어 있지 않은 부분에 접근하기**

지금 현재 활성화되어 있지 않은 부분들 중 하나를 택하라. 잠깐 시간을 내어 눈을 감고 심호흡을 한 다음, 그 부분이 활성화되어 있지 않은 상황 가운데 있다고 머릿속에 그리라. 그곳에 있을 때 어떤 느낌이 드는지 감지하라. 그 상태에서 각 채널(감정, 이미지, 몸, 내면 음성)을 사용하여 그 부분에게 접근을 시도하라. 당신이 경험한 바를 적으라.

부분의 이름 : _____

부분을 활성화시키는 상황 : _____

부분이 정서적으로 느끼는 바 : _____

부분이 생긴 모습 : _____

부분이 몸 안에서 느끼는 바 : _____

부분이 이야기하는 바 : _____

※ 모든 채널을 통해 접근해야 할 필요는 없음을 기억하라.

보기 | **활성화되어 있지 않은 부분에 접근하기**

부분의 이름 : <u>완벽주의자</u>

부분을 활성화시키는 상황 : <u>가방이 찢어진 것을 보았을 때</u>

부분이 정서적으로 느끼는 바 : <u>물건이 완벽한 상태에 있을 때 안전하다고 느낌</u>

부분이 생긴 모습 : <u>모든 면이 완전히 똑같고 모든 것이 직각인 완벽한 상자</u>

부분이 몸 안에서 느끼는 바 : <u>가슴 안에 긴장</u>

부분이 이야기하는 바 : <u>나는 안전하고 싶어. 모든 것이 있어야 할 모습대로 있을 때 안전한 느낌</u>
<u>이 들어. 조화롭고 온전하며 고른 느낌이 있을 때, 그리고 모든 것이 똑같을 때 안전한 느낌이</u>
<u>들어.</u>

---

2. 시작점에 있는 부분들을 파악하기

당신이 탐색하고 싶은 문제나 상황을 생각하라.

당신이 그 상황에 있거나 그 사람과 함께 있거나 그 경험을 하고 있는 모습을 머릿속에 그리라.

활성화되어 있는 부분을 감지하고 그에 접근하라.

또 다른 부분이 있는지 볼 수 있도록 그 부분에게 옆으로 비켜서 달라고 요청하라.

활성화되어 있는 또 다른 부분을 감지하고 그에게 접근하라.

새로운 부분이 더 이상 그 시작점에 의해 활성화되지 않을 때까지 반복하라.

시작점 질문

시작점에 있는 부분들을 파악하기 위해 물어볼 수 있는 몇 가지 질문이다.

- 이 상황에서의 주된 감정이나 부분은 무엇인가?
- 다르게 느끼거나 그 부분에 반대하는 또 다른 부분이 있는가?
- 그 상황에 반응하는 비판자나 자기 판단의 감정이 있는가?
- 이 문제에 대해 자기 목소리를 높이고 싶은 또 다른 부분이 있는가?

연습   시작점에 있는 부분들을 파악하기

당신이 탐색하고 싶은 시작점을 택하라. 만약 그것이 현재의 상황이 아니라면 잠깐 시간을 내어 눈을 감고 지금 당신이 그 상황에 있다고 머릿속에 그리라. 스스로에게 다음과 같이 물으라. "내가 이 상황과 연결될 때 혹은 이 문제를 바라볼 때 어떤 부분들이 여기 있는가?" 그들이 떠오를 때마다 이 시작점에 있는 부분들을 하나씩 열거하라. 각 부분에 대해 가능한 한 많은 정보를 적으라. 기억하라. 당신은 이 부분들을 충분히 탐색하지 못하였으므로 그 부분들에 대해 많이 알지 못하더라도 염려하지 말라. 당신이 아는 만큼만 채워넣으라. 나중에 정보를 추가하라.

부분의 이름 : ＿＿＿＿＿＿＿＿＿＿＿＿＿＿＿＿＿＿＿＿＿＿＿

부분이 정서적으로 느끼는 바 : ＿＿＿＿＿＿＿＿＿＿＿＿＿＿＿

부분이 생긴 모습 : ＿＿＿＿＿＿＿＿＿＿＿＿＿＿＿＿＿＿＿＿

부분이 몸 안에서 느끼는 바와 부위 : ＿＿＿＿＿＿＿＿＿＿＿

부분이 이야기하는 바 : ＿＿＿＿＿＿＿＿＿＿＿＿＿＿＿＿＿＿

부분이 당신을 어떻게 행동하게 만드는가?＿＿＿＿＿＿＿＿＿

부분이 원하는 바 : ＿＿＿＿＿＿＿＿＿＿＿＿＿＿＿＿＿＿＿

보기   시작점에 있는 부분들을 파악하기

상황 : 누군가 버스 안에서 팔꿈치로 밀침

부분 1의 이름 : 분노

부분이 정서적으로 느끼는 바 : 무례한 짓을 당한 느낌, 열받는 느낌

부분이 생긴 모습 : 코에서 연기가 뿜어져 나오는 용

부분이 몸 안에서 느끼는 바와 부위 : 얼굴, 굳게 다문 입, 불타는 눈

부분이 이야기하는 바 : 네가 밀다.

부분이 당신을 어떻게 행동하게 만드는가? 비열한 태도와 뿌루퉁한 모습

부분이 원하는 바 : 자신을 보호하고자 함

부분 2의 이름 : 판단

부분이 정서적으로 느끼는 바 : 자신이 외롭다는 느낌

부분이 생긴 모습 : 손가락질하는 불쾌한 늙은이

부분이 몸 안에서 느끼는 바와 부위 : 명치에 긴장감, 추켜올린 어깨

부분이 이야기하는 바 : 이런 멍청이! 어떻게 그리 생각이 없어? 이기적이네. 정신차리고 행동해!

부분이 당신을 어떻게 행동하게 만드는가? 머리를 좌우로 흔들며 비웃고 매도함

부분이 원하는 바 : 상대방이 겁먹고 어리석다고 가버리는 것

부분 3의 이름 : 두려움

부분이 정서적으로 느끼는 바 : 나는 여기서 안전한 느낌이 들지 않아.

부분이 생긴 모습 : 웅크리고 있는 누군가의 모습

부분이 몸 안에서 느끼는 바와 부위 : 온몸을 떨고 있음

부분이 이야기하는 바 : 여기선 안전한 느낌이 없어. 예측할 수 없어. 무슨 일이 일어날지 몰라.
내가 상처를 입을 거야. 쪼그라들고, 조심스럽게 주위를 살핌

부분이 당신을 어떻게 행동하게 만드는가? 위축되어 피함, 경계하듯이 두리번거림

부분이 원하는 바 : 안전, 보호, 도움

부분 4의 이름 : 신체적 손상

부분이 정서적으로 느끼는 바 : 슬프고 통증 가운데 있음

부분이 생긴 모습 : 울고 있는 아이

부분이 몸 안에서 느끼는 바와 부위 : 부딪혀 찌그러짐, 얼굴이 일그러짐

부분이 이야기하는 바 : 아야, 거기가 아파.

부분이 당신을 어떻게 행동하게 만드는가? 울며 욕을 내뱉음

부분이 원하는 바 : 위안해줄 사람

3. 이 순간의 경험으로 시작하기

부분에 접근하는 세 번째 방법은 지금 이 순간에 어떤 부분들이 있는지 탐색하는 것이다. 이 순간의 경험에 주목하고 어떤 부분들이 감지되는지 보라. 어떤 감정을 느끼고 어떤 내면 메시지가 들리며 어떤 신체 감각이나 긴장이 자각되는가? 이 모든 것이 부분들로부터 오는 것으로 가정하라. 감정이나 신체 감각을 더듬어가면서 어떤 것이 서서히 나타나는지 보라.

연습　이 순간의 경험 가운데 있는 부분들을 파악하기

잠깐 시간을 내어 눈을 감고 심호흡을 하며 내면에 초점을 맞추라. 스스로에게 다음과 같이 질문하라. "어떤 부분을 내가 지금 자각하고 있는가? 어떤 감정을 내가 느끼고 있는가? 어떤 생각이나 메시지를 내 자신에게 이야기하고 있는가? 어떤 신체 감각이 있는가?" 그것들이 하나씩 떠오를 때마다 적으라. 각 부분에 대해 가능한 한 많은 정보를 적으라. 앞에서와 마찬가지로 당신은 이 부분들을 충분히 탐색하지 못하였으므로 그 부분들에 대해 얼마 알지 못하더라도 염려하지 말라.

부분의 이름 : _____

부분이 정서적으로 느끼는 바 : _____

_____

부분이 생긴 모습 : _____

부분이 몸 안에서 느끼는 바와 부위 : _____

_____

부분이 이야기하는 바 : _____

부분이 당신을 어떻게 행동하게 만드는가?_____

부분이 원하는 바 : _____

_____

보기   이 순간의 경험 가운데 있는 부분들을 파악하기

부분 1의 이름 : <u>염려</u>

부분이 정서적으로 느끼는 바 : <u>다가오는 회기에 대해 염려함</u>

부분이 생긴 모습 : <u>TV 정전기 잡음</u>

부분이 몸 안에서 느끼는 바와 부위 : <u>가슴과 배가 울렁거림</u>

부분이 이야기하는 바 : <u>너는 준비가 안 됐어. 사람들이 너를 좋아하지 않을 거야.</u>

부분이 당신을 어떻게 행동하게 만드는가? : <u>과민함, 주의가 산만함</u>

부분이 원하는 바 : <u>도망감</u>

부분 2의 이름 : <u>비판자</u>

부분이 정서적으로 느끼는 바 : <u>내 자신에게 화를 냄</u>

부분이 생긴 모습 : <u>가혹한 엄마</u>

부분이 몸 안에서 느끼는 바와 부위 : <u>이를 악물고, 불편한 가슴, 팔에 힘을 넣어 손가락질을 함</u>

부분이 이야기하는 바 : <u>너는 준비가 안 됐어. 시간만 낭비했어. 이 게으름뱅이야.</u>

부분이 당신을 어떻게 행동하게 만드는가? : <u>흥분함, 횡설수설함</u>

부분이 원하는 바 : <u>나로 하여금 주의력을 집중시켜 어떤 것을 끝내게 함</u>

부분 3의 이름 : <u>무서워하는 아이</u>

부분이 정서적으로 느끼는 바 : <u>모자란다고 거절당할까 봐 두려워함</u>

부분이 생긴 모습 : <u>구석에서 웅크리고 있는 다섯 살짜리 꼬마</u>

부분이 몸 안에서 느끼는 바와 부위 : <u>손을 머리에 얹고 울고 있음</u>

부분이 이야기하는 바 : <u>내가 잘하지 못해 미안해.</u>

부분이 당신을 어떻게 행동하게 만드는가? : <u>무서워 뒤로 뺌</u>

부분이 원하는 바 : <u>안전하게 수용되는 느낌</u>

| 연습 | 실시간으로 부분을 감지하기 |

이것은 주중에 숙제로 하는 연습이다. 당신 삶에서 꽤 자주 활성화되는 그에 대해 알고 싶은 부분을 택하라. 잠깐 시간을 내어 그 부분에게 어떤 식으로든 당신이 좀 더 잘 알아가고 싶다고 이야기하라.

부분의 이름 : _____

부분이 정서적으로 느끼는 바 : _____

_____

부분이 생긴 모습 : _____

부분이 몸 안에서 느끼는 바와 부위 : _____

_____

부분이 이야기하는 바 : _____

부분이 당신을 어떻게 행동하게 만드는가? _____

부분이 원하는 바 : _____

_____

부분을 감지하기

다음 주간에 이 부분이 활성화되는 순간을 감지하는 훈련을 하라. 그것을 통해 그 부분이 활성화되었음을 알려주는 신호가 어떤 것인지 알게 해줄 것이다. 어떤 신체 감각, 생각이나 감정이 그 부분이 나타났음을 알려주는가? (예 : 위가 긴장됨, 복수의 환상, 어린아이처럼 울고 싶음)

_____

_____

_____

_____

어떤 행동이 그 부분이 장악했다는 신호를 보내주는가? (예 : 당신 파트너로부터 뒤로 빼는 것, 대화를 장악하는 것, 과식하는 것)_____

_____

어떤 상황이나 사람이 그 부분을 활성화시키는 경향을 보이는가? (예 : 당신이 끌리는 누군가와 만날 때, 발표할 때, 아들이 불순종할 때)_____

_____

다음 주에는 언제 이런 것들이 일어날 가능성이 높은가?_____

_____

　그 부분이 이러한 상황에서 활성화되는지 여부를 반드시 자각하겠다고 마음을 먹으라. 그 부분이 자극을 받았다는 것을 감지할 때마다 잠깐 그것에 접근하여 그에 대해 몇 자 적으라. 적을 만한 시간이 없다면 다음 휴식 시간에 혹은 가능한 한 빠른 시간 내에 기억이 생생할 때 적으라. 매일 잠자리에 들기 전, 몇 분 시간을 내어 그 부분이 활성화되었던 그날의 순간들을 뒤돌아보라. 이 시간에 추가로 기록하라. 이같이 매일 뒤돌아보는 연습은 다음 날 이 연습을 기억할 수 있도록 해준다.

활성화될 때마다 적어야 할 사항들

상황 : _____

그 부분을 어떻게 경험하였는가?_____

이 상황이 그 부분을 자극했는지 여부 : _____

_____

　완벽을 기대하지 말라. 아마도 그 부분이 활성화되는 모든 경우를 포착하기도 어렵고 매번 어떻게 진행되는지에 대해 분명히 알지도 못할 것이다. 그렇게 하기는 매우 힘들다. 당신이 운전을 하고 있거나, 프로젝트를 끝내려 하고 있거나, 누군가와 이야기를 하고 있거나 하여 다른 많은 것을 자각하기는 힘들 수 있다. 괜찮다. 당신이 할 수 있는 만큼만 하라.

실시간으로 부분을 감지하기

부분의 이름 : <u>탐식자</u>

부분이 정서적으로 느끼는 바 : <u>제멋대로 통제불능</u>

부분이 생긴 모습 : <u>크게 벌린 입</u>

부분이 몸 안에서 느끼는 바와 부위 : <u>채워야 할 필요가 있는 구멍 난 배</u>

부분이 이야기하는 바 : <u>나는 그만 먹지 않을 거야. 더 많이 먹어야 해.</u>

부분이 당신을 어떻게 행동하게 만드는가? <u>통제불능적인 과식. 내 몸에 좋지 않은 음식을 먹으</u>
　<u>며 배가 부를 때에도 중단하지 않음</u>

부분이 원하는 바 : <u>내가 아무런 정서적 고통을 느끼지 못하도록 구멍에 계속 채움</u>

부분을 감지하기

어떤 행동이 그 부분이 장악했다는 신호를 보내주는가?

　<u>한 끼를 먹고 나서 배고프지 않은데도 두 번째 끼니를 먹는다.</u>

　<u>끼니 중간에 냉장고에서 간식을 꺼내 먹는다.</u>

　<u>그러면 안 된다는 것을 알면서도 정크푸드를 사먹는다.</u>

어떤 상황이나 사람이 그 부분을 활성화시키는 경향을 보이는가?

　<u>가족 구성원, 공휴일, 판단받을까 봐 두려워하는 스트레스 상황, 혼자 있을 때</u>

다음 주에는 언제 이런 것들이 일어날 가능성이 높은가?

　<u>직장에서 업무 압박을 받을 때, 주말에 아무런 계획이 없을 때</u>

제5장

분리시키기와 의식적인 섞임

표적 부분 분리시키기

당신이 안정을 찾지 못한 상태로 부분의 감정에 압도당해 있다면 부분이 참자아와 섞여 있는 것이다. 당신은 그 부분의 신념에 붙들려 있고 사물을 그 관점에서 보게 된다. 당신은 그것을 목격하거나 그것과 함께 있을 만큼 그 부분과 충분히 거리를 두고 있지 않다. 부분에 접근하기 위해서는 그것이 활성화되되 당신과 섞이지는 않아야 한다.

참자아는 천부적으로 '의식의 자리(seat of consciousness)'를 차지하는 존재다(9쪽 참조). 당신이 섞여 있을 때는 참자아가 아닌 부분이 그 자리를 차지하고 있는 것이다(26쪽 왼쪽 그림 참조). 부분과 효과적인 접촉을 하기 위해서는 참자아가 그 자리에 앉고 부분은 참자아의 주목의 대상이 되어야 한다(26쪽 오른쪽 그림 참조).

앞서 언급한 바와 같이 당신이 현재 주목하고 있는 부분은 표적 부분이다.

의식의 자리를 차지한 부분   의식의 자리를 차지한 참자아

연습   섞임

지금 이 순간 당신과 섞여 있는 한 부분을 택하라. 잠깐 시간을 내어 눈을 감고 여기에 어떤 것이 있는지 보라. 자신에게 물으라. "지금 이 순간, 내가 어떤 것을 생각하거나 느끼고 있음을 자각하고 있는가?" 당신은 지금 그 부분의 감정을 얼마나 강하게 느끼고 있는가?

그것은 아마도 자신의 성격의 일부로 여기는 부분일 수 있다. 그것은 정상적인 하루 동안의 작업을 수행하도록 동기를 부여하는 부분일 수 있다. 당신을 비판하거나 다른 사람들을 판단하는 부분일 수도 있으며, 커피를 쏟거나 열쇠를 잃어버리는 것과 같이 어떤 사건이 일어날 때 화를 내거나 반응적으로 되는 부분일 수도 있다. 당신을 구조화시키는 부분, 당신을 염려하게 만드는 부분, 혹은 누군가로부터 무엇인가를 필요로 하는 부분, 혹은 당신의 삶 가운데 등장하는 여러 가지 다른 부분일 수도 있다.

그 부분이 여기 있을 때 당신의 몸 안에서 어떤 느낌이 드는가?

어떤 것이 긴장되어 있는가?_____

어떤 것의 긴장이 풀려 있는가?_____

어떤 감각이 자각되는가?_____

당신의 시각적 초점이 열려 있는가? 닫혀 있는가?_____

당신 몸의 어느 부분이 자각되지 않는가? 예를 들어, 당신은 생각만 있는가? 배에서만 느낌이 있는가?_____

당신의 호흡은 어떤가?_____

어떤 감정이 여기에 있는가? (예 : 분노, 좌절, 조급함, 궁휼함, 관용, 위급함 등)_____
_____

당신의 생각은 어떤가?_____

당신은 스스로에게 어떤 이야기를 하고 있는가?_____

부분의 관점에서 어떤 것이 진실로 간주되고 있는가? (예 : 나는 완수해야 할 책임이 있다. 그리고 그것들을 완수하기 위해 계속해서 일해야 한다. 혹은 나는 이 사람으로부터 내가 필요로 하는 바를 얻지 못한다. 혹은 시간이 충분치 못하다.)_____
_____

보기   **섞임**

어떤 것이 긴장되어 있는가? <u>턱, 가슴 윗부분</u>

어떤 것의 긴장이 풀려 있는가? <u>다리</u>

어떤 감각이 자각되는가? <u>숨이 차고 어깨가 올라감</u>

당신의 시각적 초점이 열려 있는가? 닫혀 있는가? <u>좁고 강렬함</u>

당신 몸의 어느 부분이 자각되지 않는가? <u>등 한복판, 성기</u>

당신의 호흡은 어떤가? <u>조여 있음</u>

어떤 감정이 여기에 있는가? <u>분노, 좌절</u>

당신의 생각은 어떤가? <u>원망의 느낌, 내게 상처를 준 행위에 사로잡혀 있음</u>

당신은 스스로에게 어떤 이야기를 하고 있는가? <u>나는 이만한 가치가 없어. 자기들이 뭔데?</u>

부분의 관점에서 어떤 것이 진실로 간주되고 있는가? <u>나는 지금까지 학대당해왔어!</u>

분리시키기

당신과 표적 부분의 사이에 거리를 둘 때 분리가 일어난다. 당신이 표적 부분과 함께 있을 수 있도록 어느 정도 정서적인 거리를 두어달라고 표적 부분에게 요청한다. 당신이 그 부분을 알아가고 싶다는 것과 그렇게 하는 가장 효과적인 방법은 당신이 그 부분으로부터 약간의 거리를 두는 것이라는 사실을 그 부분에게 이해시킨다.

참자아가 아니라 부분이 의식의 자리에 앉아 있다는 사실을 의식하게 될 때 분리 작업을 결정할 수 있다. 참자아를 의식의 자리로 복귀시키고 표적 부분이 참자아의 주목의 대상이 되도록 한다 (26쪽 오른쪽 그림 참조).

연습 표적 부분 분리시키기

앞의 연습(26~27쪽)에서 탐색한 부분을 사용해도 좋다. 혹은 다른 부분을 알아갈 수도 있다. 만약 그렇다면 앞서 기술한 단계를 거쳐 표적 부분을 결정하라. 당신이 부분을 알아가는 데 관심을 갖고 있다는 사실을 어떤 방법으로든 그 부분에게 알려주라.

부분의 이름이나 역할 : _____

당신이 섞여 있는 것을 어떻게 아는가?_____

다음은 분리시키기 프로세스를 도울 수 있는 행동이나 질문 목록이다.

- 당신이 그 부분을 알아갈 수 있도록 당신과 거리를 두어달라고 요청하라.
- 부분에게 몸 밖으로 나와 달라고 요청하라.
- 당신이 그 부분에 초점을 맞추고 있는 동안 부분의 감정이 당신을 압도하지 말아달라고 요청하라.
- 부분과 거리를 두기 위해 뒤로 물러서라.
- 부분을 향해 어떤 느낌이 드는지 감지하라.
- 당신과 거리를 두고 있는 부분의 이미지를 그리라.
- 그 부분과 거리를 둘 수 있도록 중심잡기/안정을 취하기 명상을 잠깐 하도록 하라.

당신은 표적 부분에게 거리를 두어달라고 어떻게 요청했는가?_____

부분이 거리를 둘 때 당신은 변화를 감지할 것이다. 이것은 당신이 그 부분을 자각하는 상황에서 반복적으로 일어나는 미묘한 변화일 수 있다.

- 당신은 몸 안에 구멍과 공간을 느낄 수 있다.
- 당신은 부분이 움직이는 것을 볼 수 있다. 예를 들면 부분의 이미지가 당신으로부터 멀어져간다.
- 당신은 그 부분이 당신의 요청에 응하는 것을 들을 수 있다.
- 당신은 정서적으로 가벼워지거나 자유로워지는 느낌이 들 수 있다.

표적 부분에게 약간의 거리를 두어달라고 요청했을 때 당신이 감지한 바 : _____

_____

_____

그 부분이 그러겠다고 응하였을 때 당신이 감지한 바 :

그 부분이 한 말 : _____

신체적 변화 : _____

시각적 변화 : _____

정서적 변화 : _____

기타 : _____

보기   **표적 부분 분리시키기**

부분의 이름이나 역할 : 뒤로 미루는 자

당신이 섞여 있는 것을 어떻게 아는가? 불안해하며 주의가 산만한 느낌. 부엌 청소, 인터넷 서핑을 하면서 해야 할 일을 회피함

당신은 표적 부분에게 거리를 두어달라고 어떻게 요청했는가? 일을 회피하도록 만들기 위해 그 부분이 등장하였다는 것을 알아차렸다고 이야기함. 내가 일을 끝내고 놀 수 있도록 그 부분이 나와 함께 작업할 용의가 있는지 물어봄

표적 부분에게 약간의 거리를 두어달라고 요청했을 때 당신이 감지한 바 : "뭐라고? 누구, 나?"라는 태도와 함께 그 부분이 존재하지 않는 척하면서 처음에는 저항을 함. 그러더니 나중에 함께 시간을 보내자는 내 약속에 관심을 가짐

그 부분이 그러겠다고 응하였을 때 당신이 감지한 바 :

그 부분이 한 말 : "나중에 내게 시간을 내겠다고 한 약속을 지켜야 해."

신체적 변화 : 이제 좀 더 안정을 취할 수 있게 되었군. 침착해지고 내 호흡은 깊어졌어.

시각적 변화 : 초점을 더 잘 맞출 수 있게 되었군.

정서적 변화 : 주의 산만한 밑바닥에는 두려움이 자리 잡고 있었어.

기타 : 일단 내 안에 두려움이 있다는 것을 알아차리기만 하면 천천히 마음이 가라앉는다.

연습 분리되기를 주저함(앞에 있었던 연습의 연장)

때로 부분들은 분리되기를 주저한다. 분리된다는 것이 무슨 의미인지에 대해 혼란스러워하거나 놀라거나 고집이 셀 수도 있다. 주저하고 있는 부분에게는 이렇게 물어보는 것이 좋다. "만약 당신이 분리된다면 어떤 일이 일어날까 봐 두렵습니까?" 그 부분을 없애거나 사라지게 하려고 하는 것이 아니며 약간의 분리가 이루어지면 당신이 그 부분에게 귀를 더 잘 기울일 수 있을 것 같다고 그 부분을 안심시키도록 한다.

부분들이 분리되기를 주저하는 몇 가지 대표적인 이유가 있다. 만약 앞에서의 연습에서 당신이 작업하고 있었던 부분이 분리되기를 주저한다면 해당되는 이유를 체크해보라. 혹은 당신의 이유를 추가해보라.

_____당신이 그 부분을 옆으로 밀어내고 더 이상 필요로 하지 않을까 봐 두려워한다.

가능한 답변 : 내가 이 문제를 탐색하는 동안 당신이 잠깐만 옆으로 비켜서 주면 좋겠습니다. 나는 당신을 알아가고 싶습니다. 그리고 그렇게 하기 위해서는 내가 당신으로부터 어느 정도 거리를 둘 필요가 있습니다. 우리가 작업을 끝낸 다음, 원한다면 당신은 먼저처럼 되돌아올 수 있습니다.

추가 : 과거에 당신을 밀어내었던 적이 있었으나 이번에는 그렇지 않습니다.

_____당신이 현명하지 못한 짓을 할까 봐 그 부분이 두려워한다.

가능한 답변 : 일정한 시간 동안만 이렇게 해달라고 부탁할 뿐이니 안심하세요. 아무런 나쁜 일이 일어나지 않도록 하겠습니다. 확실히 약속합니다.

그 밖에 다른 두려움 : _____

부분에 대한 당신의 반응 : _____

부분이 분리되는 것에 두려움을 갖지 않도록 부분에게 한 말 : _____

부분의 반응 :

부분이 한 말 : _____

신체적 변화 : _____

시각적 변화 : _____

정서적 변화 : _____

기타 : _____

연습 **매일 방문**

다음 주에는 매일 잠깐 시간을 내어 당신의 부분들을 방문해보라. 여기서 배운 대로 그 순간에 어떤 부분들이 활성화되었는지 감지해보라. 규칙적인 방문을 통해 당신은 자신의 내면가족에게 주의를 기울이는 데 익숙해진다. 매일 일정한 시간을 계획하여 이 연습을 하라. 어떤 사람들은 아침 일찍, 어떤 사람들은 밤 늦게 잠자리에 들기 전에 하기를 좋아한다. 그 순간에 활성화된 부분의 목록을 만들라. 각 부분에 대해 다음의 빈칸에 답을 적으라.

부분의 이름 : _____

부분의 느낌 : _____

부분의 모습 : _____

그 부분이 몸의 어느 부위에 위치하는가?_____

그 부분이 하는 말 : _____

그 부분이 당신을 어떻게 행동하도록 만드는가?_____

※ 당신이 그 부분에 대해 이 모든 정보를 알고 있지 못하더라도 염려하지 말라. 당신이 할 수
   있는 만큼만 채우라.

보기 　**매일 방문**

월요일 아침

부분의 이름 : 염려

부분의 느낌 : 내가 하루를 직면할 수 없을까 봐 두려워함

부분의 모습 : 부들부들 떨고 있는 작은 소년

그 부분이 몸의 어느 부위에 위치하는가? 가슴이 두근거림, 배가 땡김, 숨으려 함

그 부분이 하는 말 : 나는 이것이든 저것이든 할 수 없을 거야. 나는 에너지가 없어. 나는 생각이
   나질 않아. 나로선 어쩔 수 없는 삶이야.

그 부분이 당신을 어떻게 행동하도록 만드는가? 움직이지 말고, 꼼짝 말고 그대로 있어.

목요일 저녁

부분의 이름 : 안도

부분의 느낌 : 하루를 마쳐서 감사함, 긴장이 풀리고 마음의 평화, 다 끝나서 감사함

부분의 모습 : 평화롭게 자는 아기

그 부분이 몸의 어느 부위에 위치하는가? 온몸에 긴장이 풀림

그 부분이 하는 말 : 내가 해냈어. 끝냈어. 하루를 마쳤다.

그 부분이 당신을 어떻게 행동하도록 만드는가? 긴장을 늦추고 회복할 수 있음

의식적인 섞임

우리는 지금까지 섞임이 참자아 상태를 어떻게 방해하는지를 논의하였고 부분을 분리시키는 방법도 논의하였다. 그러나 부분과 의식적으로 섞이는 것이 유용할 때가 있다. 이것은 참자아의 허락하에 의도적으로 행해진다. 이것은 당신이 완전히 참자아 상태에 있을 때만 안전하다. 세 가지 방법이 있다.

1. 부분처럼 말함으로써 부분에 접근하기

만약 부분에 접근하기가 힘들거나 부분을 충분히 경험하고 싶다면 앞서 제안했던 것과는 정반대로 당신은 부분처럼 말함으로써 의식적으로 부분과 섞일 수 있다. 이것은 한동안 당신이 부분이 되게 하여 부분을 보다 충분히 느끼도록 해준다. 당신이 부분과 섞일 때는 부분과 협상하여 부분의 감성을 조정하거나 약화시킬 수 있다.

2. 신체 표현을 통해 부분에 접근하기

당신은 또한 부분이 되어 몸의 동작, 얼굴 표현, 소리를 통해 자신을 표현함으로써 보다 충분히 부분에 접근할 수 있다. 이것은 보다 충분히 부분을 구체화함으로써 보다 완전히 부분을 이해할 수 있게 해준다.

3. 부분의 감정 느끼기

'추방자 분리시키기'(제12장)에서 논의한 바와 같이 보다 충분히 부분을 목격할 수 있게 해준다. 이것은 당신이 참자아 상태를 벗어나지 않으면서 부분의 감정을 느낄 수 있도록 해준다. 이를 통해 보다 깊은 수준의 치유로 나아갈 수 있게 된다.

연습   의식적인 섞임

이 연습은 파트너나 소그룹으로 할 때 효과가 있다. 각 사람은 10분 동안 작업한다. 모든 사람이 한 번씩 차례를 가진 후 각 사람이 부분을 탐색하고 있는 동안 서로에게 피드백을 주는 시간을 갖는다. 피드백은 당신 자신의 경험을 바탕으로 하도록 한다. 피드백을 줄 때는 부분의 언어를 사용하도록 한다. 이것은 각자가 작업하는 것을 보면서 떠오른 당신의 부분을 대변하는 것을 의미한다.

당신이 섞여도 편한 느낌으로 작업할 수 있는 부분을 택하라.

1. 부분의 입장에서 말하라. "나는 … 그리고 나는 …라고 느낀다."
2. 부분의 감정이나 특성을 말이 아닌 행동으로 표출하라. 몸의 동작, 얼굴 표정, 소리로 표출하라.
3. 당신이 그 부분을 잘 표현했는지 부분에게 체크하라.
4. 부분을 대변하라. "그 부분은 …한 느낌을 갖고 있다."

아래 빈칸에 당신 경험을 기록하라.

부분 : _____

부분이 말하고자 했던 바 : _____

부분이 자신을 표현하였던 비언어적 방법 : _____

내가 그 부분을 표현한 것에 대해 그가 받은 느낌은 어떠하였는가?_____

제6장

참자아 리더십 체크하고
염려하는 부분 분리시키기

참자아 리더십이란

앞서 설명한 바와 같이 참자아 상태에 있다는 것은 당신이 현재 상태에서 참자아 속성의 하나 이상을 경험하고 있다는 것을 의미한다. 만약 당신이 긍휼의 마음과 호기심 혹은 돌봄의 느낌을 가지고 있다면 당신은 참자아 상태에서 참자아 리더십을 경험하고 있는 것이다. 달리 말하면 당신이라는 실재가 '의식의 자리'에 앉아 있는 것이다. 이 자리에서 표적 부분 알아가기를 진행하는 것이 안전하다.

참자아 리더십을 왜 체크하는가

보통 우리가 우리 자신의 부분들을 자각할 때는 그것들을 평가한다. 우리는 우리가 좋아하고 인정하는 부분들을 끌어안으며 종종 우리가 긍정적이라 보는 부분들과 동일시한다. 우리는 문제가 있다고 보는 부분들을 거부한다. IFS는 그 어느 것도 독려하지 않으며 오히려 열린 마음으로 우리의 각 부분들을 알아가는 것에 관심을 갖는다. 이를 위하여 우리는 참자아 상태에 있고자 하는 것이다.

염려하는 부분

염려하는 부분은 표적 부분에 대해 염려하는 부분으로서 참자아와 섞여 있는 부분을 말한다. 이 부분은 표적 부분에 대해 참자아 상태에 있는 당신의 능력을 방해한다(다음 그림 참조).

　염려하는 부분들은 의제와 의견을 가지고 있다. 예를 들어, 만약 당신이 표적 부분을 향해 화가 나거나 판단하거나 표적 부분을 두려워하거나 표적 부분을 제거하고 싶다면, 그 태도는 또 다른 부분에서 오고 있는 것이다. 참자아 상태에서 표적 부분과 열린 마음으로 접촉하기 위해서는 이 부분들을 파악하는 것이 중요하다.

❶ 의식의 자리에 앉아 있는 염려하는 부분

염려하는 부분을 어떻게 체크하는가

IFS에서는 다음과 같은 마법의 질문을 던진다. "지금 표적 부분을 향하여 어떤 느낌이 듭니까?"

　그리고 나서 내면에 공간을 만들고 어떤 것이 떠오르는지 본다. 그 질문은 표적 부분에 대한 평가나 표적 부분에 대한 당신의 의견을 끌어내기 위한 것이 아니다. 목적은 그 부분을 향하여 당신이 정서적으로 어떤 느낌이 드는가를 알아내기 위한 것이다. 표적 부분을 향하여 당신이 일반적으로 어떤 느낌이 드는지 혹은 표적 부분이 활성화되는 다른 상황에서 어떤 느낌이 드는지를 묻고 있는 것이 아니다. 당신이 그 부분과 관계를 맺고 있는 지금 이 순간 그 부분을 향하여 어떤 느낌이 드는가만 묻고 있는 것이다.

❷ 염려하는 부분에 초점을 맞추며 의식의 자리에 앉아 있는 참자아

염려하는 부분 분리시키기

당신이 참자아 상태에서 표적 부분과 함께할 수 있도록 염려하는 부분을 분리시킬 필요가 있다.

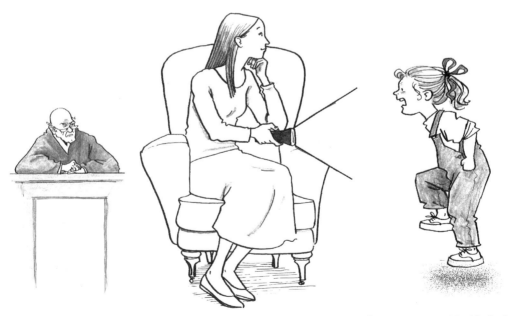

❸ 표적 부분에 초점을 맞추며 의식의 자리에 앉아 있는 참자아

참자아 상태에서 표적 부분과 함께하기

당신이 표적 부분을 향하여 열린 마음과 호기심 및 긍휼의 마음 혹은 인정하는 마음이 들 때는 참자아 상태에 있는 것이다. 다음과 같은 경험이 그 예다.

- **열린 마음** : 아무런 특별한 느낌이 없다. 염려하는 부분이 있었던 곳에 공간이 생겼다. 나는 중립적이고 개입할 준비가 되어 있다.
- **호기심** : 나는 부분과 분리되어 있는 느낌이 든다. 그리고 진심으로 그 부분이 누구인지 그리고 그 부분이 내게 어떤 것을 이야기하거나 가르치려고 하는지 관심이 있다.
- **긍휼의 마음** : 나는 이 부분이 누구인지, 그 부분이 그 동안 어떤 것을 붙들고 있었는지 그리고 그 부분이 지금까지 그런 식으로 행동해온 이유가 무엇인지 좀 더 명료하게 알 수 있다.
- **인정하는 마음** : 이 부분이 나를 위해 얼마나 힘들게 일해왔는지 이해가 된다. 그 부분이 왜 여기에 있고 그 부분이 지금까지 해온 임무를 지금 이 순간 이해한다.

연습 　염려하는 부분 분리시키기

이 연습을 위해서 당신이 좋아하지 않거나 어떤 강한 배척감을 가지고 있는 보호자를 선택하라. 예를 들면, 당신에게 쉽게 화를 내고 친구들과의 관계를 방해하는 부분이 있을 수 있다. 혹은 건강을 유지하거나 체중을 줄이려고 애쓰고 있음에도 불구하고 과식하는 부분이 있을 수 있다. 당연히 당신은 이러한 부분들에게 반응을 보일 것이다. 당신은 그들을 판단하거나 그들에게 화를 내고 그들을 제거하고 싶어 할 수 있다. 또한 그들과 거리를 두어 (서먹서먹한 느낌이 들거나) 그들을 두려워하는 느낌이 들 수도 있다. 어느 하나라도 이러한 태도가 생기면 그것은 당신의 염려하는 부분으로부터 오고 있는 것이다. 시간을 내어 당신이 좀 더 알고 싶어 하는 보호자를 선택하라. 먼저 보호자에게 접근하라(P1단계, 13쪽). 그리고 나서 가능한 한 보호자를 분리시키라(P2단계, 25쪽). 이 보호자는 당신의 표적 부분이 된다.

당신 몸 안에서 어떤 일이 일어나고 있는지 그리고 그 부분과 관계를 맺을 때, 그 부분이 당신에게 어떻게 반응하고 있는지 주목하라._____

　마법의 질문을 던지라. "지금 표적 부분을 향하여 어떤 느낌이 드는가?"
　분노, 좌절, 그 부분이 없어졌으면 하는 바람 중 어떤 것이 감지되는가? 이런 반응을 보이는 부분이 염려하는 부분이다. 다음 차트에 답을 적어넣으라.

혹시라도 당신이 그 부분에 대해 열린 마음이나 호기심 혹은 긍휼의 마음을 갖게 되었다면 당신은 아마도 참자아 상태에 있는 것이다. 하지만 당신이 어려움을 겪고 있는 부분을 선택하라고 요청하였으므로 연습하는 이 순간에 참자아 상태에 있을 가능성은 낮다.

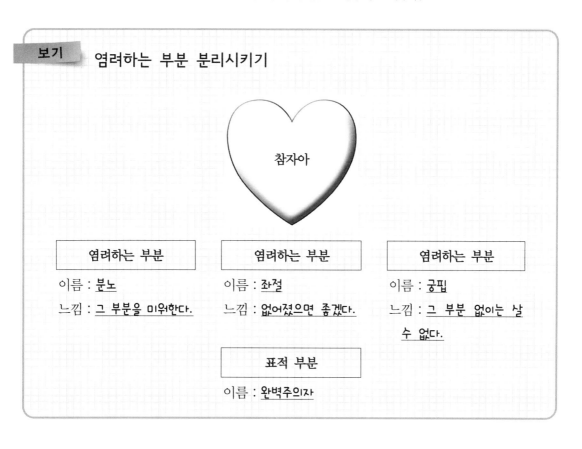

염려하는 부분에게 긴장을 늦추라고 요청하기

당신이 열린 마음으로 표적 부분을 알아갈 수 있도록 염려하는 부분에게 지금 이 순간만이라도 비켜설 (혹은 긴장을 늦출) 용의가 있는지 물어보라. 염려하는 부분이 동의할 수도 있고 그렇지 않을 수도 있다.

1. 염려하는 부분이 긴장을 늦출 의향이 있는 경우

만약 동의한다면 당신은 몸 안에서 순간적으로 긴장이 풀리거나 열린 공간이 생기는 것을 느끼게 된다. 그 부분이 점차로 멀어져가는 모습으로 보일 수도 있다. 그 부분이 긴장을 늦추겠다고 말하는 음성을 들을 수도 있고, 그 부분이 비켜서거나 긴장을 늦추는 대가로 어떤 협상을 요구할 수도 있다.

원래의 염려하는 부분이 긴장을 늦추게 되면 다시 질문하라. "표적 부분을 향하여 어떤 느낌이 드는가?"

때로는 이렇게 이야기하는 것이 도움이 될 수 있다. "분노와 좌절이 비켜섰는데 이제는 그 부분을 향하여 어떤 느낌이 드는가?" 만약 또 다른 염려하는 부분이 있다는 것을 알게 되면 참자아 상태에서 열린 공간이 느껴지고 호기심이나 긍휼의 마음이 느껴질 때까지 그 과정을 반복하라.

여기서부터 당신은 참자아 상태에서 표적 부분을 알아갈 수 있게 된다.

2. 염려하는 부분이 긴장을 늦출 용의가 없는 경우

만약 염려하는 부분이 비켜설 의향이 없다면 당신은 비켜설 때 어떤 유익이 있는지를 설명해줄 수 있다. 이렇게 이야기할 수 있을 것이다. "나는 진정으로 이 부분(표적 부분)을 돕고 싶습니다. 그 부분은 치유가 필요한 것으로 보입니다. 나는 그 부분을 알아가고 싶습니다. 열린, 호기심을 가진 상태에서 다가가는 것만이 효과적인 방법입니다. 내가 참자아 상태에서 그 부분과 접촉할 수 있도록 나와 거리를 두어주시면 고맙겠습니다."

염려하는 부분이 가진 두려움에 귀를 기울이고 안심시킨다. 부분들이 가진 일반적인 두려움이 어떤 것인지는 30~31쪽을 보라.

표적 부분을 서로 바꾸기 : 만약 염려하는 부분이 여전히 비켜서지 않으려 한다면 염려하는 부분을 새로운 표적 부분으로 만들어 위와 같이 작업하라. 모든 단계를 거치라(P2~P5단계).

일단 길을 깨끗이 정리했으므로, 원래의 표적 부분으로 되돌아가거나 새로운 표적 부분과 작업을 계속할 수 있다. 이것은 당신의 내면 시스템 전체에 대한 결정이 된다. 잠시 중단하고 지금까지 작업했던 모든 부분에게 어떻게 진행하는 것이 가장 좋은지 물어본다. 답을 기다려본다. 어떤 것이 당신에게 최선인지는 보통 드러나게 된다.

사이드라인에 앉아 있기 : 염려하는 부분이 사이드라인에서 구경하다가 위험하다 생각하면 개입하는 것도 괜찮다. 만약 부분에게 이렇게 약속했다면 그 부분이 다시 개입하고자 하는지 감지하도록 하라. 그리고 그 부분을 인정하고 어떤 것을 염려하는지 알아보라.

염려하는 부분이 비켜섰는지 확실치 않은 경우 : 염려하는 부분이 비켜섰는지 확실치 않다면 표적 부분을 알아가는 작업을 진행하며 일이 어떻게 진행되는지 보라. 그리고 나서 염려하는 부분을 좀 더 분리시키거나 또 다른 염려하는 부분과 작업할 필요가 있음을 깨닫게 될 수도 있다.

염려하는 부분이 비켜서지 않았음을 알 수 있는 방법

1. 표적 부분이 질문에 반응하고 있지 않거나 대화 진행을 방해하고 있다. 표적 부분에 접근할 수 없다. 왜 그렇게 행동하는가 물어보면 당신을 신뢰하지 못하기 때문이라고 이야기한다.
2. 당신이 표적 부분에게 질문하는 것이 아니라 머릿속으로 표적 부분을 이해하고 있다.
3. 당신이 묻고 있는 질문이 판단하거나 추궁하는 듯한 말투이다.
4. 표적 부분이 왜 그리 행동하고 있는지 이해하지 못하고 있다.
5. 표적 부분과 신뢰관계를 성공적으로 형성하지 못하고 있다.

연습   **당신의 부분들을 매핑하기**

부분들의 매핑(mapping) 작업은 매우 유용하다. 매핑 작업은 부분들 간의 관계를 명료화시켜주고, 시작점에 있는 부분들의 수효를 구체화시켜주며, 보호적인 시스템을 깨닫게 해주고, 어떤 부분들이 그 시스템 중심에 있으며 어떤 부분들이 변방에 있는지, 부분들이 참자아와의 관계 측면에서 어디쯤 위치하고 있는지 등을 보여줄 수 있다.

매핑 작업은 당신이 시스템을 막 알아가기 시작하는 단계에서 할 수 있다. 작업을 계속하면서 원래의 맵(map)을 정기적으로 대조해보면 어떤 변화가 있었는지 알 수 있다. 또한 당신의 내면작업을 시각적으로 추적하고 어디에 초점을 맞추어야 할지를 결정하는 진행점검 도구로서 부분들의 매핑 작업을 사용할 수도 있다.

당신의 시스템을 매핑하는 데는 여러 가지 방법이 있다. 한 가지는 큰 종이 위에 부분들의 이름이나 이미지를 알고 있는 대로 기록하는 것이다. 그들 간의 관계를 보여주기 위해서 선이나 화살표를 그릴 수 있다. 다음은 내가 즐겨 사용하는 방법이다.

- 신문지만 한 종이를 준비한다.
- 상단 중앙에 하트를 그리고 그 안에 당신의 이름을 적는다. 이것이 참자아이다.
- 적어도 두 가지 서로 다른 색깔의 포스트잇으로 작업한다. 보호자와 추방자의 색깔을 달리한다. 참자아로 사용할 하트 모양의 포스트잇이 있다면 더욱 좋다.

생각나거나 느껴지는 대로 포스트잇에 부분들의 이름을 적기 시작한다. 그리고 종이 위에 여기저기 펼쳐놓는다. 한 부분이 보호자이고 다른 하나가 추방자라는 감이 오면 적절한 색깔을 택한다. 상황이 좀 더 명확해지면서 색깔을 바꿀 수도 있다.

일단 모든 부분들이 종이 위에 놓이면, 좀 떨어져 앉아 내려다본다. 참자아 상태에서 부분들을 바라볼 수 있도록 중심 잡는 훈련을 하는 것이 좋다. 됐다 싶으면 배에 손을 얹고 심호흡을 몇 번 한다.

이제 부분들 사이의 관계를 반영하기 위해 포스트잇을 이동시키기 시작하라.

- 어떤 부분들이 동맹을 맺고 함께 작업하고 있는가?
- 어떤 부분들이 양극화되어 있고 서로 싸우고 있는가?
- 어떤 부분들이 숨어 있는가?
- 어떤 부분들이 다른 부분들을 보호하고 있는가?
- 참자아가 표적 부분을 알아가지 못하도록 가로막는 염려하는 부분들은 어떤 것들인가?

일단 당신이 부분들의 재배열을 끝냈으면 다시 좀 떨어져 앉아 생각해보라. 또 다른 부분들이 생각났는가? 추가하라. 이제 어떻게 보이고, 어떤 느낌이 드는가?

당신 앞에 놓인 맵을 보면서 당신의 정서 상태나 신체 자각에 어떤 변화가 있는지 감지해보라. 당신이 탐구해보기 시작하고 싶은 명확한 시작점이 보이는가? 참자아의 도움이나 자원을 필요로 하는 부분들이 눈에 띄는가?

제7장

보호자 알아가기

일반적인 치료에서 부분과 작업할 때는 지적으로 분석하거나 정서적으로 그 부분에 뛰어든다. 그러나 IFS의 접근법은 이것과는 다르다. IFS 모델을 사용할 때는 참자아 상태를 유지하면서 부분과 접촉한다. 부분에게 질문을 하고 그 반응에 귀를 기울이면서 부분을 알아간다. 부분은 여러 경로를 통해, 즉 단어로, 이미지로, 신체 감각으로, 정서로, 혹은 직관으로 우리에게 정보를 제공해줄 수 있다.

연습   보호자 알아가기

알아가고 싶은 보호자 부분을 택하라. 지금 이 순간에 존재하고 있는 것일 수도 있고, 제4장에서 설명한 것처럼 부분에 접근할 수도 있다. 이 보호자에 대해 쉽게 얻을 수 있는 정보가 어떤 것인지, 즉 몸에서 어떻게 느껴지고, 어떤 모습으로 생겼고, 어떤 것을 이야기하고 있는지 보라.

다음 쪽에 보호자에게 물어볼 수 있는 질문 목록이 있다. 지금 이 순간 이 부분에는 어떻게 질문하는 것이 적절한지 보라. 여백이나 별도의 종이에 부분이 하는 대답을 적도록 하라. 당신이 진행하면서 자연스럽게 흘러나오거나 당신이 중요하다고 생각하는 다른 질문을 여백에 적을 수도 있다.

부분이 당신의 호기심을 자극하는 답을 할 때는 계속 추적하라. 예를 들면, 만약 부분이 "안전을 지키고 싶어요."라고 이야기한다면 이렇게 질문할 수 있다. "어떤 것으로부터 안전을 지키고 싶습니까?" 혹은 "누구를 안전하게 지키고 싶습니까?" 부드럽게 대하라. 그리고 취조하듯 하지 말라. 부분의 답이 자연스럽게 펼쳐지도록 시간을 넉넉히 가지라. 그리고 프로세스를 촉진시키기 위해 사이사이에 질문을 하라.

부분의 이름 혹은 맡고 있는 역할 : _____

> **부분을 이름 짓기** : 부분에 대해 이름을 지으면 유용하다. 설명문으로 해도 되고, 사람 이름이나 성품 혹은 그 밖의 다른 것으로 할 수도 있다. 부분이 자신의 이름을 짓도록 하라. 부분에 대해 이해가 깊어지면 어느 때고 이름은 바뀔 수 있다.

부분을 알아갈 수 있도록 도와주는 질문들

어떤 일을 하고 있는가?_____

내 시스템에서 당신이 하고 있는 역할은 어떤 것인가?_____

내가 당신을 어떻게 부르면 좋겠는가?_____

어떤 느낌이 드는가?_____

무엇 때문에 당신이 그렇게 느끼게 되었는가?_____

사람들과 어떤 관계를 맺고 있는가?_____

다른 부분들과 어떻게 교류하고 있는가?_____

… (외부 사건이나 느낌)에 대해 어떤 느낌이 드는가?_____

우리에게 원하는 것은 어떤 것인가?_____

(당신의 역할을 하면서) 어떤 것을 성취하고자 하는가?_____

(당신의 역할을 하지 않는다면) 어떤 일이 일어날까 봐 두려운가?_____

(당신의 역할을 하지 않는다면) 우리가 어떤 느낌을 갖거나 어떤 행동을 할까 봐 두려운가?

_____

언제부터 지금의 역할을 해오고 있었는가?_____

어떤 사건 때문에 당신이 이 역할을 떠맡게 되었는가? 그리고 언제부터 시작되었는가?

_____

당신의 역할에 대해 어떤 느낌이 드는가?_____

내게서 어떤 것을 원하는가?＿＿＿＿＿＿＿＿＿＿＿＿＿＿＿＿＿＿＿＿＿＿

질문 : ＿＿＿＿＿＿＿＿＿＿＿＿＿＿＿＿＿＿＿＿＿＿＿＿＿＿＿＿

　답 : ＿＿＿＿＿＿＿＿＿＿＿＿＿＿＿＿＿＿＿＿＿＿＿＿＿＿＿＿

질문 : ＿＿＿＿＿＿＿＿＿＿＿＿＿＿＿＿＿＿＿＿＿＿＿＿＿＿＿＿

　답 : ＿＿＿＿＿＿＿＿＿＿＿＿＿＿＿＿＿＿＿＿＿＿＿＿＿＿＿＿

부분을 느껴보기

부분이 당신의 질문에 대해 분명하고 명쾌한 설명을 해주지 못할 수도 있다. 부분에 대한 느낌이나 이미지가 나타나도록 하는 것은 특히 중요하며 많은 정보를 제공해줄 수 있다. 처음에는 이미지나 신체 감각이 '구겨져 있는 것 같다', '신랄한, 통렬한 느낌', '가슴이 조여오는 느낌', 혹은 '빈 자루'와 같이 모호하더라도 괜찮다. 열린 마음과 진실된 호기심으로 이러한 감각 정보를 맞으라. 부분에게 당신이 본 것과 느낀 바를 이야기하라. 예를 들면, "당신이 주저앉아 멍하게 있는 것이 보여요." 혹은 "당신이 긴장하고 불안해하는 듯한 모습이 감지되네요."와 같다. 당신이 좀 더 오랫동안 그 부분과 함께 있거나 더 많은 질문을 하면 그 부분의 독특한 본성은 더욱 명확해질 것이다. 시간을 갖고 진행하되 명료함을 강요하지 말라. 시간이 지나면서 나타나게 된다.

　부분들을 알게 될 때 감지되는 미묘한 이미지나 모호한 감각에 주의하라.

＿＿＿＿＿＿＿＿＿＿＿＿＿＿＿＿＿＿＿＿＿＿＿＿＿＿＿＿＿＿＿＿＿＿

＿＿＿＿＿＿＿＿＿＿＿＿＿＿＿＿＿＿＿＿＿＿＿＿＿＿＿＿＿＿＿＿＿＿

보기　　**보호자 알아가기**

부분의 이름 혹은 맡고 있는 역할 : 화난 부분 - 누군가 나를 불공평하게 비난할 때 혹은 내 행동을 잘못 해석할 때 나는 화가 나서 공격한다.

부분을 알아갈 수 있도록 도와주는 질문들

어떤 일을 하고 있는가? 당신을 보호한다.

내 시스템에서 당신이 하고 있는 역할은 어떤 것인가? <u>나쁜 사람들이 가까이 오지 못하도록</u>
<u>하는 것이다.</u>

내가 당신을 어떻게 부르면 좋겠는가? <u>백기사</u>

어떤 느낌이 드는가? <u>화, 분노, 좌절</u>

무엇 때문에 당신이 그렇게 화나게 되었는가? <u>바보 같고, 무정하고, 생각 없는 사람들 때문에.</u>

사람들과 어떤 관계를 맺고 있는가? <u>그들을 멀리하고 있다.</u>

당신은 뭐라고 이야기하는가? <u>꺼져버려!</u>

다른 부분들과 어떻게 교류하고 있는가? <u>그들을 보호한다.</u>

현재의 이 상황에 대해 어떤 느낌이 드는가? <u>다른 사람들이 자신들의 행동이나 감정에 대한</u>
<u>책임을 지지 않으면 화가 난다.</u>

우리에게 원하는 것은 어떤 것인가? <u>안전하고 행복하며 자유로워지는 것</u>

보호하기 위해 화를 냄으로써 어떤 것을 성취하고자 하는가? <u>나쁜 사람들이 우리에게 가까이</u>
<u>하지 못하도록 하는 것</u>

만약 당신이 화를 내어 보호하지 않는다면 어떤 일이 일어날까 봐 두려운가? <u>우리가 다칠</u>
<u>것이다.</u>

만약 당신이 화를 내어 보호하지 않는다면 우리가 어떤 느낌을 갖거나 어떤 행동을 할까
봐 두려운가? <u>못된 짓을 하는 사람과 사귈 것이다.</u>

언제부터 화를 내어 보호하고 있었는가? <u>아주 어렸을 적부터.</u>

어떤 사건 때문에 당신이 이 역할을 떠맡게 되었는가? 그리고 언제부터 시작되었는가?
<u>어릴 적에 비난받으면서 시작되었다.</u>

당신의 역할에 대해 어떤 느낌이 드는가? <u>나는 그 역할이 좋다. 중요하다.</u>

내게서 어떤 것을 원하는가? <u>사랑과 인정과 감사다.</u>

제8장

보호자와 신뢰관계 발전시키기

부분들이 떠맡은 보호적인 역할은 극단적이라 할 수 있다. 보호자 부분들은 세상을 좁은 눈으로 바라보며 자신들의 태도와 행동을 지지 변호하는 특정한 신념을 가지고 있다. 부분들은 혼자서 상황을 다루어야 한다고 생각하고 있기 때문에 극단적인 역할을 떠맡고 있는 것이다. 그들은 참자아가 있다는 사실을 알고 있지 못하거나 참자아가 그 상황을 다룰 수 있다고 믿지도 않는다. IFS의 주된 목표는 부분들이 참자아를 신뢰하는 것이다. 짐을 내려놓은 후에라야 이것이 가능하기는 하지만 보호자와 작업하는 동안에라도 상당한 신뢰를 얻을 수 있고 또 얻을 필요가 있다.

신뢰 향상시키기

만약 당신이 시간을 갖고 보호자를 알아가며 보호자가 자신이 이해받으며 인정받고 있다고 느낀다면, 보호자는 당신을 신뢰하고 긴장을 늦출 것이다.

참자아에 대한 신뢰를 쌓게 해주는 진술문

- 당신이 왜 그 역할을 하는지 이해가 됩니다.
- 당신이 왜 그것이 중요하다고 생각하는지 알겠습니다.

- 당신의 행동, 말, 감정이 왜 그런지 이해가 됩니다.
- 당신을 누르고 있는 압박감이 이해됩니다.
- 나를 위한 당신의 노력에 감사합니다.
- 당신이 맨 처음 나를 위해 행했던 일에 감사합니다.
- 당신이 지금까지의 내 인생에서 나를 위해 행한 일에 감사합니다.
- 당신이 지금 나를 위해 하고 있는 일에 감사합니다.

당신에게 생각나는 진술문 혹은 당신의 보호자가 특별히 듣고 싶어 하는 진술문 :

_____

_____

연습   보호자와 관계 형성하기

함께 작업할 보호자를 택하라. 당신이 지금까지 작업해왔던 것을 택할 수도 있고, 새로운 것을 택할 수도 있다. 충분한 시간을 갖고 P1~P4단계를 거치라. 부분에 접근하고 표적 부분을 분리시키고 염려하는 부분을 분리시켜 참자아 상태에서 보호자와 마주하라. 여기서 우리는 관계를 맺으면서 보호자와 좀 더 깊이 알아가고 보호자가 당신의 존재를 느낄 수 있는지 확인하게 된다. 이 과정이 진행되는 동안 잊지 말고 당신이 여전히 참자아 상태에 있는지 계속 체크하라.

보호자의 이름 : _____

어떤 느낌을 갖고 있는가?_____

어떤 모습인가?_____

당신 몸의 어느 부위에 위치하고 있는가?_____

어떤 이야기를 하고 있는가?_____

당신이 어떻게 행동하도록 만들고 있는가?_____

어떤 상황에서 활성화되는가?_____

어떤 염려하는 부분들이 이 부분에 대해 반응하고 있는가?_____

그 부분의 긍정적인 의도는 무엇인가?_____

어떤 일이 일어나지 않도록 막고 있는가?_____

당신은 이제 부분에 대해 상당히 알게 되었다. 당신은 앞의 과정을 거치면서 아마도 신체 감각에 상당한 변화가 감지되었을 것이다.

당신이 참자아 상태에서 그 부분과 함께 마주 앉는 순간에 어떤 다른 느낌이 드는가? (가슴이 확 뚫리는 느낌? 긍휼함이 솟구치는 느낌? 신체 긴장이 풀어지는 느낌? 넓은 공간을 만나는 느낌?) 이러한 변화들을 적으라.

_____

_____

보기　　**보호자와 관계 형성하기**

보호자의 이름 : <u>화난 부분</u>

어떤 느낌을 갖고 있는가? <u>내 존재에 대해 비난받고 싶지 않다. 나는 사람들이 나를 수용할 것이라 믿지 않는다.</u>

어떤 모습인가? <u>백기사. 강하고 빛나며 많은 무기와 도구(저주와 욕설)를 가지고 있음</u>

당신 몸 어느 부위에 위치하고 있는가? <u>가슴 전체. 어깨 부위에 긴장감이 있음</u>

어떤 이야기를 하고 있는가? <u>내게 가까이 오지 마라. 멍청한 놈들아! 네 문제나 신경 써라. 가까이 오지마.</u>

당신이 어떻게 행동하도록 만들고 있는가? <u>저주를 퍼붓고 소리지르게 만듦</u>

어떤 상황에서 활성화되는가? <u>사람들이 비열하게 굴거나 비난하고 있을 때</u>

어떤 염려하는 부분들이 이 부분에 대해 반응하고 있는가? <u>수치스러워하는 부분. 놀라는 부분</u>

그 부분의 긍정적인 의도는 무엇인가? <u>내 본연의 모습을 유지하며 나를 수용할 수 있는 사람들과 교류하기를 원함</u>

어떤 일이 일어나지 않도록 막고 있는가? <u>안전하지 못한 나쁜 사람들로부터 나를 보호하려 애쓰고 있음</u>

부분에게 감사하기

부분에게 감사할 때는 그 부분의 행동만이 아니라 그 부분의 긍정적인 측면에 초점을 맞춘다. 당신을 위한 그 부분의 동기와 긍정적인 의도를 이해한다. 그 부분이 하려고 애썼던 일과 당신을 자신이 감지한 위험으로부터 얼마나 열심히 보호하려고 노력했는지에 대해 긍휼한 마음을 갖는다. 때로는 당신을 힘들게 한 부분에게 감사하기가 어려울 수 있다. 예를 들어 내면비판자들은 종종 실패나 위험의 가능성, 타인의 판단으로부터 보호하기 위해 종종 언짢은 이야기를 한다. 당신이 참자아 상태에 있을 때는 그 부분에게 다음과 같이 이야기할 수 있다. "알겠습니다. 당신이 나를 위해 애써온 바를 알겠습니다. 나는 당신의 행동 뒤에 감춰진 논리적 근거를 이해합니다. 당신이 나를 위해 얼마나 열심히 일해왔는지 그리고 얼마나 자주 나를 혼자 힘으로 돌봐야 했는지 알겠습니다."

당신은 당신의 보호자에 대해 어떤 면을 이해하고 감사하는가?

_____

_____

_____

_____

부분에게 당신이 보거나 이해한 바를 이야기해주라. 당신은 당신이 그 부분에 대해 감사하는 바와 그 부분이 당신을 위해 지금까지 애써왔던 바를 말로 이야기할 수도 있다. 당신은 얼마나 열심히 그 부분이 노력해왔는지, 그동안 그 부분이 얼마나 외로웠는지 그리고 그 부분이 지금까지 저항해온 것이 어떤 것인지 이해한다고 이야기할 수도 있다. 당신은 그냥 마음의 문을 열고 그 부분의 노력과 그가 처했던 상황에 대해 감사가 흘러나오도록 하라.

보호적인 부분은 당신의 이해와 감사에 어떻게 반응하는가?

_____

_____

_____

실시간으로 보호자가 긴장을 늦추도록 돕기

일단 당신이 부분을 알게 되었고 그 부분과 신뢰관계를 형성하였다면 당신은 삶에서 그 부분이 솟아날 때마다 실시간으로 그 부분과 작업할 수 있게 된다. 그 부분이 긴장을 늦추고 참자아 상태의 당신이 이끌어나가도록 만들어주는 방법을 소개한다.

하루 중 어떤 순간에 부분이 활성화되는 것을 감지하면 잠깐 접근하여 당신이 그 부분과 섞여있는지 알아보라. 종종 그러할 것이다. 그 부분은 당신과 섞여 있다. 왜냐하면 그 부분이 놀라 자신이 장악해야 한다고 믿게 만드는 어떤 상황이 발생하였기 때문이다. 당신이 그 부분을 자각하게 되면, 잠깐 시간을 갖고 참자아 상태로 들어가라. 이 상태에서 그 부분을 인정하면서 긴장을 늦추고 당신이 참자아 상태에서 이끌어나가도록 허락해달라고 하라. 당신은 그 부분이 갖고 있는 염려 사항들을 다루기 위해 나중에 그 부분과 함께 시간을 보내겠다고 약속할 수도 있다.

연습   ## 실시간으로 보호자가 긴장을 늦추도록 돕기

당신이 보호자를 활성화시켜 문제성 있는 행동을 하도록 만드는 상황을 생각해보라.

_____

P1~P5 단계를 따르면서 혼자서 어려움을 야기시키고 있는 보호자를 알아가는 회기를 갖든지, 파트너와 회기를 가지라. 보호자를 알아갈 수 있도록 도와주는 다음의 질문을 활용하라.

보호자 이름 : _____

이 보호자를 활성화시키는 상황 : _____

어떤 행동을 하는가?_____

당신이 참자아 상태에서 행동할 수 있다면 그 상황에서 어떻게 행동하고 싶은가?

_____

당신이 목표로 하고 있는 긍정적인 행동을 성취하기 위해 필요한 생활기능을 갖고 있는가?

_____

갖고 있지 않다면 당신이 바라는 대로 행동하기 위해서는 어떤 지원이 필요한가?

_____

일단 당신이 보호자와 염려하는 부분들을 분리시켰고 참자아 상태에서 보호자와 접촉하고 있다면, 이후에도 이와 비슷한 상황에서 당신이 이끌도록 할 것인지 물어보라.

그 부분은 어떤 반응을 보이는가?_____

보호자의 염려사항과 그것을 어떻게 다룰 것인지에 대한 **(참자아 상태에서)** 당신의 생각을 적으라.

염려사항 : _____

반응 : _____

지원 가능성 : _____

염려사항 : _____

반응 : _____

지원 가능성 : _____

염려사항 : _____

반응 : _____

지원 가능성 : _____

앞으로 몇 주에 걸쳐 언제 이러한 상황이 일어날 가능성이 있는지 생각해보라.

_____

그 상황에서 이 보호자가 장악하는지 여부를 자각해보라. 보호자가 장악할 때는 앞서 설명한대로 작업하라. 그 부분이 긴장을 늦추고 당신이 이끌도록 돕기 위한 작업을 하라. 만약 이 작업이 효과가 없으면 가능한 한 빨리 어떤 일이 일어났었는지 적으라.

당신이 참자아 상태에서 이끌 때 당신의 행동은 어떤 모습이었는가?_____

_____

결과는 어떠했는가?_____

_____

앞으로 몇 주에 걸쳐서 부분이 활성화될 때마다 이 연습을 하면서 이 같은 상황을 계속 추적하라. 매일 저녁 잠자리에 들기 전 그날을 돌아보며 그러한 상황이 발생하였는지 알아보라. 그리고 당신이 이 연습을 하였을 때 어떤 일이 일어났었는지에 대해 메모를 하도록 하라. 만약 보호자가 당신이 이끌도록 허락하고 그 결과가 좋았다면, 그 부분이 이제는 당신을 더 많이 신뢰하는지 체크해보라. 그 당시 상황을 감지하지 못했거나 연습을 하지 못했다면 어떤 것이 방해를 했었는지 탐색해보라. 이것이 그리 자주 발생하지 않는 상황이라면 매일 저녁 이 같은 시간을 가질 필요는 없을 것이다. 일주일에 한 번씩 돌아볼 수도 있다. 적절한 시간 간격을 택하라.

일자	상황	보호자	참자아가 이끈 행동	부분의 반응

보기 실시간으로 보호자가 긴장을 늦추도록 돕기

보호자 이름 : 주의력 분산자

이 보호자를 활성화시키는 상황 : 어쩔줄 모르는 상황

어떤 행동을 하는가? 활동이나 공상으로 주의력을 분산시키고자 함

당신이 참자아 상태에서 행동할 수 있다면 그 상황에서 어떻게 행동하고 싶은가?

  한번에 조금씩 내 감정을 느끼고 싶음

당신이 목표로 하고 있는 긍정적인 행동을 성취하기 위해 필요한 생활기능을 갖고 있는

  가? 그렇다. 나는 긍휼의 마음과 믿음을 갖고 있다.

갖고 있지 않다면 당신이 바라는 대로 행동하기 위해서는 어떤 지원이 필요한가?

<u>친구나 나를 아끼는, 즉 이해할 수 있는 사람들로부터의 도움</u>

일단 당신이 보호자와 염려하는 부분들을 분리시켰고 참자아 상태에서 보호자와 접촉하고 있다면 이후에도 이와 비슷한 상황에서 당신이 이끌도록 할 것인지 물어보라. 그 부분은 어떤 반응을 보이는가? <u>그렇지 않다.</u>

보호자의 염려사항과 그것을 어떻게 다룰지에 대한 (참자아 상태에서) 당신의 생각을 적으라.

염려사항 : <u>당신은 감정을 다룰 수 없을 거야.</u>

반응 : <u>우리는 한번에 조금씩 감정들을 느낄 수 있어.</u>

지원 가능성 : <u>치료사, 친구, 가족</u>

염려사항 : <u>아무런 도구나 자원을 가지고 있지 않아.</u>

반응 : <u>아니야. 우리는 가지고 있어. 인내, 직관, 멋진 생각, 탐구와 연구할 수 있는 능력이 있어.</u>

지원 가능성 : <u>많은 똑똑한 친구들</u>

염려사항 : <u>우리에게 아무도 없어.</u>

반응 : <u>아니야. 우리에겐 친구들이 있고 새로운 사람들을 만날 수 있는 능력이 있어.</u>

지원 가능성 : <u>내가 사랑하고 신뢰하는 사람들</u>

앞으로 몇 주에 걸쳐 언제 이러한 상황이 일어날 가능성이 있는지 생각해보라.
<u>좋은 친구 하나가 오랫동안 해외여행을 하려고 한다.</u>

당신이 참자아 상태에서 이끌 때 당신의 행동은 어떤 모습이었는가?
<u>멈춰서 감정을 자각하라. 내 자신이 깨닫고 감정을 느끼도록 하라. 내 자신이 손을 뻗어 친구들로부터 도움과 사랑 및 지원을 받게 하라. 해법을 발굴하라. 긍정적인 변화를 꿈꾸라.</u>

결과는 어떠했는가? <u>현재의 순간에 더 많이 살라. 삶에 더 많이 참여하라.</u>

제9장

보호자가 당신을 신뢰하지 않을 때

모 든 보호자는 외부세계와 내면세계의 경험으로 구성된 자신만의 독특한 역사를 가지고 있 다. 이러한 경험들은 일련의 신념과 기대를 낳는다. 일반적으로 보호자들은 지금까지 참자 아를 우리가 지금 여기서 하려고 하는 것처럼 직접적으로 다루지 않았다. 보호자들에게는 조심스 럽게 주의를 기울여야 할 만한 충분한 이유가 있다. 그들은 상처를 입지 않으려 그리고 과거의 실망을 반복하지 않으려 애쓰고 있는 것이다. 조심성 있게 그리고 보호자의 신뢰를 얻기 위해 솔 직하게 보호자를 다루는 것이 중요하다.

당신의 질문이나 보호자를 알아가려는 여하한 노력에도 반응이 없다면 보호자가 당신을 신뢰하 지 않는다는 사실을 말해주는 것이다. 마치 그 부분이 비협조적인 것 같은 느낌이 들거나 당신에 게 등을 돌리거나 당신을 무시하고 있다는 느낌을 줄 수도 있다. 염려하는 부분이 나타나 프로세 스를 의심하거나 당신을 비난하기 시작할 수도 있다.

- 만약 보호자가 질문에 답하지 않거나 협조적이지 않으면
  - ➢ 그 부분이 당신을 자각하고 있는지 물어보라. 그 부분이 자신과 접촉하며 자신을 알아가 려 애쓰는 당신이 여기 있다는 것을 알고 있는가?
  - ➢ 그 부분이 당신을 신뢰한다면 직접 그 부분에게 물어보라. 당신의 노력이 진지하고 선의 에서 나온 것이라고 느끼고 있는가?

- 만약 그 부분이 당신을 신뢰하지 않는다고 이야기한다면
  - ➢ 당신이 정말로 참자아 상태에 있는지 혹은 염려하는 부분이 교묘하게 훼방을 놓았는지 체크해보라. 표적 부분이 하나 이상의 염려하는 부분들을 촉발할 수도 있는데, 그것 때문에 당신을 신뢰하지 않을 수도 있다. 만약 그러한 경우라면 염려하는 부분을 분리시키고 다시 접촉해보라.
  - ➢ 만약 당신이 참자아 상태에 있다면 그 부분이 왜 당신을 신뢰하지 않는지 물어보라. 당신의 삶 가운데 어떤 사건으로 말미암아 그 부분이 당신의 자각이나 역량에 대해 의구심을 갖게 되었다고 가정하라. 만약 그러한 경우라면 지금의 당신의 존재에 대해 가능한 한 충분히 확신시켜주라. 어렸을 적에는 참자아에 충분히 접근하지 못하였으나 그 이후로 꾸준히 참자아에 접근하는 법을 배웠기에 이제는 당신이 지원해줄 수 있는 자원이 있다고 설명해준다.

때로는 더 많은 시간을 필요로 하는 부분이 있을 수 있다. 프로세스를 빨리 끝내고자 애쓰는 조급한 부분이 있을 수 있다. 당신이 이 작업을 계속 밀어붙임으로써 누군가를 달래고자 애쓰는, 남을 기쁘게 해주는 부분을 가지고 있을 수도 있다. 혹은 이 문제의 해법에 대해 외부 목표를 가지고 있는 부분이 있을 수도 있다. 부분들은 이 같이 교묘한 압박에 대단히 예민할 수 있다. 부분들은 신뢰가 중요한 상황에서 형성되었을 수도 있다. 따라서 당신은 불신을 만들어내고 있는 저변의 부분들을 찾아내어 긍휼의 마음으로 그들을 바라보아야 한다. 그들도 역시 보호자들이며 당신의 시스템을 위해 자신들이 정한 목표에 전념하고 있는 것이다. 시스템을 치유하고 온전성을 만들어내기 위해 그들의 협조를 구하라.

- 만약 그 부분이 여전히 신뢰하기를 주저하고 있다면
  - ➢ 과거에 어떤 일이 있었기에 사람들을 신뢰하지 못하게 되었는지 물어보라. 다시 말하지만 참자아 상태에서 귀를 기울이라. 긍휼의 마음과 태도로 그 부분과 함께함으로써 그 부분은 당신의 진실성을 받아들일 수 있게 된다. 그 부분이 두려움을 갖지 않도록 최선을 다하면서 당신은 현재 참자아 상태로 여기 있으며 과거와 같지 않다는 사실을 상기시켜주라.
  - ➢ 만약 염려하는 부분이 끈질기게 프로세스에 계속 관여하고 있다면 그 부분을 새로운 표적 부분으로 만들라.

이 순간에 당신이 신뢰하는 부분의 능력에 영향을 미치는 삶의 사건들을 모두 적으라.

_____

_____

_____

(부분들이 갖고 있는 대표적인 두려움은 30~31쪽 참조)

만약 당신이 불신에 가득 찬 부분과 작업하고 있다면 이 순간에 당신에게 적합하다고 생각되는 답뿐 아니라 불신에 가득 찬 부분이 가진 두려움이나 염려사항들을 다음에 적으라.

두려움 : _____

당신의 반응 : _____

_____

부분의 반응 : _____

_____

두려움 : _____

당신의 반응 : _____

_____

부분의 반응 : _____

_____

두려움 : _____

당신의 반응 : _____

_____

부분의 반응 : _____

_____

제10장

회기 진행의 기초

IFS 회기 시작하기

회기를 시작할 때마다 전 회기에서 초점을 맞추었던 부분을 체크하는 것으로 시작하라. 전 회기에서 다루었던 표적 부분에 접근하라. 당신의 의식 속에 그 부분을 충분히 확고하게 하고 연결하기 위해서는 그 부분을 알아가는 과정에서 했던 몇 가지 질문을 반복할 필요가 있다. 만약 그 부분이 전 회기에서 여전히 프로세스 중에 있었다면, 그리고 그 이후 급박한 일이 발생하지 않았다면 보통 이번 회기에서 짐을 내려놓을 때까지 그 부분과 계속 작업하는 것이 가장 좋다. 어떤 새로운 보호자들이 훼방하지 않는 한 그 부분에게 접근한 다음, 전 회기에서 끝냈던 단계에 이어 계속하라. 만약 보호자들이 훼방하고 있으면 그 보호자들을 먼저 작업하라.

활성화된 부분들

탐색하는 동안에 부분은 활성화될 수 있다. 비록 참자아 상태에서 중심 잡기 위해 프로세스를 거쳤을지라도 당신이 깨닫지 못하는 사이 어떤 부분이 등장하여 의식의 자리를 장악할 수 있다. 어떤 부분이 장악했다는 신호는 다음과 같다.

- 부분이 당신에게 이야기하는 바를 대변하는 것이 아니라 당신이 부분의 **입장**에서 이야기한다.

- 발생한 사건에 대해 이야기하다가 잊어버린다. 이것이 부분을 활성화시킨다.
- 부분의 관점에서 세상을 보기 시작한다. 혹은 당신이 부분의 신념에 사로잡힌다.
- 당신이 부분의 감정으로 휩싸인다.

자각이 핵심이다. 중심을 찾고 안정된 상태로 되돌아갈 수 있는 지름길은 당신이 섞여 있음을 감지하는 것이다. 당신이 긍휼의 마음이나 호기심을 잃어버렸다는 사실을 자각할 때 참자아를 분리시키고 참자아로 되돌아갈 수 있다.

만약 파트너와 작업하고 있다면 당신이 부분과 섞여 있을 때 파트너로 하여금 지적할 수 있도록 한다. 실시간으로 부분과 작업하는 실제 상황 중에 참자아 상태에서 말하고 행동하는 것이 아니라 부분과 섞이는 경우, 몸에서 변화를 감지할 수도 있다.

부분을 대변하여 말하기 대 부분의 입장에서 말하기

우리가 IFS에서 배운 기술과 이해는 우리가 다른 사람들과 교류할 때 특히 가치가 있다. 우리가 직장 동료나 친구, 혹은 친한 사람들과 이야기할 때, 부분들의 언어는 감정과 의도를 명료화시키고 긴장을 늦추며 개방된 의사소통과 존중의 분위기를 만들어낸다.

일반적으로 부분의 입장에서 말하기보다 참자아 상태에서 부분을 대변하는 것이 바람직하다. 예를 들어, 부분이 화가 나 있다면, "나는 화가 나 있다."라고 이야기하기보다 "나의 한 부분이 화가 나 있어요."라고 이야기할 수 있다.

부분을 대변할 때, 당신은 부분의 감정과 문제에 대해 다른 사람들을 비난하기보다 스스로 책임질 가능성이 더 크다. 다른 사람들의 추방자들에게 상처 주는 이야기를 하여 그들의 화난 보호자들을 활성화시킬 가능성을 줄이려 하기 때문이다. 민감한 정서적인 문제에 대해 누군가와 이야기할 때 혹은 누군가와 갈등을 해결하려 할 때, 부분을 대변하여 말하기는 특히 도움이 된다. 이것은 특히 친밀한 관계에서 유용하다(제21장 참조). 또한 집단에서 갈등에 대해 작업할 때도 바람직하다. 이 간단한 규칙이 당신을 진정한 대화에 참여하도록 돕는다.

연습   부분들을 대변하여 말하기

다른 사람과 대화하는 것처럼 당신의 부분들이 활성화되는 상황을 생각해보라. 어떤 부분들이 등장하였는지 주목하고 부분의 입장에서 이야기하는 것과 부분을 대변하는 것의 차이를 알아보라.

상황	부분	부분의 감정 : 부분의 입장에서 말하기	참자아 상태 : 부분을 대변하여 말하기

당신이 부분의 입장에서 이야기할 때와 부분을 대변할 때, 당신 몸과 감정에서 어떤 차이가 감지되는가?_____

_____

_____

보기 **부분들을 대변하여 말하기**

상황	부분	부분의 감정 : 부분의 입장에서 말하기	참자아 상태 : 부분을 대변하여 말하기
친구가 점심 약속에 나타나지 않음	염려함	도대체 무슨 일이 있었어? 네게 무슨 일이 일어났거나 교통사고 난 줄 알고 몹시 걱정했어.	약속 시간에 나타나지 않아. 나의 한 부분이 정말로 걱정했어.
	실망함	너 어디 있었니? 너 만나려고 얼마나 기대했었는데. 네가 올 줄 알았어. 내가 네게는 아무런 의미가 없었니?	네가 나타나지 않아 실망했어. 나의 한 부분은, 내가 네게 아무런 의미가 없었던 것으로 느꼈어.
	화남	너는 너무 이기적이야. 내가 너를 기다리고 있었다는 것을 몰랐단 말이야? 너는 다른 사람 생각은 하지 않는군. 자기 자신 밖에는. 잘 생각해봐. 너는 친구들에게 코빼기도 안 보이잖아.	네가 나타나지 않았을 때 나의 한 부분이 네게 대단히 화가 났었어.

상황	부분	부분의 감정 : 부분의 입장에서 말하기	참자아 상태 : 부분을 대변하여 말하기
친구가 점심 약속에 나타나지 않음	판단함	너는 패배자야. 네가 오겠다고 이야기하고서 나타나지도 않았잖아.	나의 한 부분이 매우 판단적이기는 하지만 네가 약속해놓고 나타나지 않았을 때는 참기 힘들었어.

부분을 감지하기

보호자를 알아갈 때 어떤 부분은 활성화되어 작업할 필요가 있을 수도 있다. 다음과 같은 여러 가능성이 있다.

1. 프로세스를 방해할 정도로 염려하는 부분이 당신과 섞여 있다

몇 가지 예를 들어본다(제6장 참조).

- 당신이 부분에게 질문하고 그의 반응에 귀를 기울이기보다는 부분을 파악하거나 설명하고 있다(생각하는 자 혹은 행정가 부분).
- 표적 부분에게 화가 난다(화난 부분이 활성화되어 있다).
- 작업을 중단하고 싶은 느낌이다(회피자 부분).
- 작업의 접근 방법이 점점 더 지적이 되어 간다(합리성 추구자 혹은 성취자 부분).
- 멍해진다(모호한 부분이나 분해자).

요령은 부분을 감지하는 것이다. 무언가 IFS 프로세스를 방해하고 있다는 것을 자각하고 깨닫는 것은 염려하는 부분이 활성화되어 당신과 섞여 있다는 것을 의미한다.

일단 어떤 부분이 등장했음을 자각하게 되면 그 부분에 초점을 맞추고 그 부분이 어떤 일을 왜 하고 있는지 알아본다. 특히 무엇이 그것으로 하여금 프로세스를 방해하도록 만들었는지 알아보도록 하라. 다음과 같이 질문하는 것이 좋다. "만약 지금 당신이 하고 있는 일을 그만둔다면 어떤 일이 일어날까 봐 두렵습니까?"

당신이 그 부분을 알게 되었고 어느 정도의 신뢰가 형성되었을 때 그 부분에게 긴장을 늦추고 비켜서서 작업을 계속할 수 있게 허락해달라고 요청하라. 그러나 초점을 바꾸어 이 부분을 표적 부분으로 만들어 작업을 진행할 필요가 있을 수도 있다.

2. 추방자가 활성화되어 있다

이것은 표적 보호자에 의해 보호를 받고 있는 추방자다. 요령은, 추방자가 표적 부분과는 다른 부분 ― 분명하지 않을 수도 있지만 ― 이라는 사실을 깨닫는 것이다. 예를 들면, 삶에서 특정한 행동을 기피하는 경향을 보이는 부분을 알아가고 있는 과정에서 그 부분이 피하려고 애쓰는 것이 수치심인 것 같다고 하자. 이것은 십중팔구 보호자가 가로막으려고 애쓰는 추방자일 가능성이 높다. 보통은 추방자를 인정하고 기다려달라고 요청하는 것이 좋다. 그 부분에게 다시 와서 치유해주겠다고 이야기해줄 수도 있으나, 우선 보호자를 알아가며 그의 허락을 얻어야 한다(제11장 참조).

3. 표적 보호자와 대립하고 있는 (양극화된) 부분, 즉 또 다른 보호자가 활성화되어 있다

예를 들면, 당신 삶에서 어떤 것을 회피하는 부분과 작업하고 있는데 그것을 정말로 하고 싶어 하는 한 부분이 갑자기 등장한다. 이러한 상황을 다루는 방법에 대해서는 제22장의 양극화 현상과 관련된 부분을 보라.

4. 표적 보호자가 보호하고 있는 추방자를 보호하는 또 다른 보호자가 활성화되어 있다

예를 들면, 내면 작업에 대해 회의적인 부분이 등장하여 회피자 부분이 보호하고 있는 수치심 추방자를 차단하려 애쓰고 있다고 하자. 표적 보호자(회피자 부분)와의 작업을 끝낼 때까지 두 번째 보호자(회의적인 부분)에게 비켜서 달라고 요청한다. 당신이 그의 허락을 얻기까지는 그 추방자(수치심)와 접촉하지 않겠다고 그 부분을 안심시킬 필요가 있다. 표적 보호자 알아가기를 끝냈을 때 이 두 번째 보호자와 동일하게 작업한다. 당신이 추방자를 알아가기 전에 그 두 보호자로부터 허락을 얻도록 한다.

연습 장악한 부분을 감지하기

어떤 부분과 작업하는 도중에 또 다른 부분이 장악하였음을 자각하게 된 상황을 머릿속에 떠올리라.

당신이 작업하고 있는 부분 : _____

장악한 부분 : _____

어떤 유형의 부분이었는가?

_____염려하는 부분

_____추방자

_____양극화된 부분

_____보호자

부분이 가진 동기 : _____

부분이 가진 두려움 : _____

부분과 작업한 방법 : _____

IFS 프로세스의 단계

추방자와 작업하기

2단계 : 추방자와의 작업을 허락받기

3단계 : 추방자 알아가기

    E1 : 추방자에게 접근하기

    E2 : 추방자 분리시키기

    E3 : 염려하는 부분 분리시키기

    E4 : 추방자 알아가기

    E5 : 추방자와 신뢰관계 발전시키기

4단계 : 어릴 적 기억에 접근하고 목격하기

5단계 : 추방자 재양육하기

6단계 : 추방자 데리고 나오기

7단계 : 추방자의 짐 내려놓기

8단계 : 통합과 보호자의 짐 내려놓기

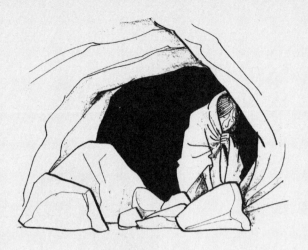

❶ 숨겨놓은 추방자

❷ 보호자는 추방자로의 접근을 차단함으로써 추방
자를 보호한다.

❸ 보호자는 참자아가 추방자를 알아갈 수 있도록
허락한다.

추방자와의 작업을 허락받기

추방자들은 고통을 품고 있는 부분들이다. 그들은 보통, 반드시 그렇다고는 할 수 없지만, 어린아이 부분들이다. 어릴 적에 혹은 외상을 겪는 동안에 몰려오는 심리적 불편을 수용할 수 없었기 때문에 그들은 보통의 의식세계로부터 추방당하였다. 추방자들을 의식세계 안으로 들어오지 못하게 함으로써 우리가 일상생활에서 기능할 수 있도록 보호자들이 발달하게 되었다.

원리

보호자가 있는 곳에는 그가 보호하고 있는 추방자가 하나 이상 반드시 존재한다. IFS 핵심원리 중의 하나는 추방자에 대해 염려하고 있는 모든 보호자들로부터 허락을 얻기까지 절대 추방자와 작업하지 않는 것이다. 보호자들이 추방자로의 접근로를 열어주기 때문에 그들로부터 허락을 얻는 것은 중요하다. 그렇지 않으면 보호자들은 계속해서 보호하려는 느낌을 갖게 되고 접근을 차단하려 애쓸 것이다.

추방자를 알아가기 위한 허락을 구하기 전에 보호자와 신뢰의 관계를 확실히 구축하도록 하는 것이 가장 좋다. 추방자로 접근하기 위해 허락을 구하는 행위는 오랫동안 있어 왔던 보호 시스템의 중단을 의미하므로 가볍게 여겨서는 안 된다.

추방자와의 작업을 허락받기 전에 보호자들과의 작업(P1~P5단계)을 복습하라(제7~9장).

추방자와 접촉할 수 있는 허락을 얻었을 경우

보호자가 당신이 추방자를 접촉할 수 있도록 허락해주면 당신은 의식세계에서 약간의 미묘한 변화들을 자각하게 된다.

- 추방자를 느끼거나 그 음성을 들음으로써 추방자를 자각할 수 있다. 어떤 경우에는 그것이 여전히 보호자일 수도 있지만 표면으로 떠오른 추방자일 수도 있다.
- 특히 보호자의 역할이 없을 때 발생할 수 있는 상황을 이야기하면 어떤 추방자가 보호를 받고 있는지 자각할 수 있다. 예를 들면, 보호자는 "네가 큰 슬픔에 빠질까 봐 두렵다."고 이야기할 수 있다.
- 보호자 뒤에 혹은 밑에 또는 마음 한구석에 추방자의 이미지를 가지고 있을 수 있다.
- 흐릿하거나 강렬한 감각, 냄새, 맛, 몸의 긴장 혹은 한 장면의 그림을 경험할 수도 있다.
- 어릴 적에 의미 있는 사건이나 시간, 장소에 대한 기억이 떠오를 수도 있다. 보호자에게 보호하고 있는 부분을 보여달라고 요청할 수도 있다.

연습   추방자와의 첫 접촉

당신은 앞서 작업하고 있던 보호자와 계속해서 작업할 수도 있고 지금 흥미를 가지고 있는 보호자에 접근함으로써 새로운 작업을 시작할 수도 있다. 새로운 보호자와 작업하는 경우 P1~P5의 모든 단계(즉 부분에 접근하기, 표적 부분 분리시키기, 염려하는 부분 분리시키기, 보호자 알아가기 그리고 추방자와의 작업을 허락받기 위해 보호자와 신뢰관계 발전시키기)를 잊지 말고 거치라.

앞서 연습에서 다루었던 보호자와의 작업을 계속하려 한다면 어느 정도 침묵의 시간을 갖고 내면세계로 들어가 호흡에 초점을 맞춤으로써 안정을 찾고, 바닥이 당신을 지지하고 있다는 느낌을 가지라. 보호자와 다시 접촉하고 당신이 추방자와 접촉을 시작하기 전에 당신이 누구인가를 반드시 기억할 수 있도록 만들라.

보호자 : _____

긍정적인 의도 : _____

보호자의 역할이 없으면 발생할 수 있는 두려운 상황 : _____

보호받고 있는 추방자 : _____

보호받고 있었던 추방자가 접촉할 수 있게 된 것을 어떻게 아는가?

　추방자를 알아가기 위해 보호자에게 직접 허락을 구할 수도 있다. 허락을 얻은 후에는 당신이 추방자를 접촉하는 것에 반대하는 또 다른 보호자가 있는지 체크해보는 것도 좋다.

이 추방자 주위에 등장한 다른 보호자들 :

　만약 그 보호자가 허락해주지 않는다면 그 보호자의 염려사항이 무엇인지 혹은 당신이 추방자와 접촉하면 어떤 일이 일어날까 봐 두려워하는지 물어보라.

추방자와 접촉하는 것에 대해 이 보호자가 가진 두려움이나 염려사항 :

> **보기**　**추방자와의 첫 접촉**
>
> 보호자 : <u>화난 보호자</u>
>
> 긍정적인 의도 : <u>다른 사람들에 의해 받아들여지고 싶다.</u>
>
> 보호자의 역할이 없으면 발생할 수 있는 두려운 상황 : <u>그녀를 조롱하고 비난하는 사람들에게</u>
> <u>둘러싸일 것이다.</u>
>
> 보호받고 있는 추방자 : <u>착한 소녀</u>
>
> 보호받고 있었던 추방자가 접촉할 수 있게 된 것을 어떻게 아는가? <u>일곱 살 정도의 슬픈</u>
> <u>얼굴을 한 작은 소녀의 이미지가 보인다.</u>
>
> 다른 보호자 : <u>등교한 새로운 학교에 수녀 같은 모습의 내면비판자</u>

보호자의 일반적인 두려움과 대처 방법

보호자의 두려움과 염려사항에 대해 반응할 때는 참자아 상태를 유지하는 것이 중요함을 기억하라. 대답을 하기 전에 보호자의 염려사항을 반복하고 확인하는 것이 좋다.

두려움 : 추방자가 너무 고통스러워한다. 혹은 추방자는 혼란과 격정의 블랙홀이다.
반응 : 당신이 참자아 상태를 유지하면서 추방자를 알아가겠다고 하라. 당신이 천천히 한 발자국씩 움직이고 고통으로 바로 뛰어들지 않겠다고 확신시키라.

두려움 : 고통으로 들어갈 이유가 없다. 추방자는 변할 수 없다. 지난 일은 지난 일이다.
반응 : 추방자를 치유할 수 있다고 설명하라. IFS 방법이 있다.

두려움 : 보호자가 더 이상 맡은 역할이 없게 되어 쫓겨나거나 힘을 잃게 될 것이다.
반응 : 보호자가 당신의 정신세계에서 새로운 역할을 할 수 있다고 설명하라.

두려움 : 보호자가 당신을 신뢰하지 않는다.
반응 : 이유를 묻고 그 문제에 대해 보호자와 작업하라.

추방자와 작업하는 동안 흔히 보호자가 갑자기 튀어나올 수 있다. 이런 일이 발생하는지 당신의 부분 감지기를 사용하여 찾아내라. 당신의 감정 상태나 신체 에너지가 변하는지 감지하라. 다른 사람과 작업하고 있는 경우라면 음성의 톤이나 신체적 움직임에 변화가 있는지 감지하라.

만약 등장한 보호자가 이미 작업하고 있었던 것이면 어떤 염려사항이 있는지 그리고 여전히 허락해주지 않는 이유가 무엇인지 물어보라. 다신 편해질 때까지 그 보호자와 작업하라.

만약 새로운 보호자라면 얼마 동안의 시간을 가지고 그 보호자를 알아간 다음, 추방자와 작업할 수 있도록 허락을 구하라.

보호자의 두려움이나 염려사항들을 어떻게 다루었는가? 그 보호자는 당신에게서 어떤 이야기를 듣고 싶어 하는가?

_____

_____

_____

_____

제12장

추방자 분리시키기

추방자

추방자들은 두 가지 동기를 가지고 있다. "자기 이야기를 들어달라."와 "치유받고 싶다."가 그것이다. 치유받고자 하는 유일한 소망은 당신의 관심을 얻는 것이다. 그들의 감정교류 방식은 자신들의 감정을 토로하며 당신을 감정의 격랑에 휩싸이게 하는 것이다. 추방자가 섞여 있을 때는 두렵고 압도당하는 느낌을 가질 수 있다. 추방자는 자신이 갖고 있는 정보나 이야기를 한 번에 모두 드러내지 않을 수 있음을 염두에 두라.

보호자

보호자들은 세 가지 주요 동기를 가지고 있다.

- 추방자가 다시 상처를 입지 않도록 안전하게 지키기
- 당신이 기능할 수 있도록 추방자의 감정을 드러내지 않기
- 추방자가 위험에 빠지거나 상처받거나 수치스러운 상황에 노출되도록 만드는 어린아이 같은 행동을 하지 않도록 지키기

　모든 보호자는 추방자의 에너지에 의해 동기가 유발된다. 보호자가 강하며 경계심이 강할수록 추방자는 더 크게 외상을 입었고 상처받기 쉬운 상태임을 말해준다.

참자아

참자아는 모든 부분을 긍휼의 마음으로 바라볼 수 있으며 그들이 누구인지 어떤 것이 그들에게 고통과 고난을 가져다주었는지에 대해 순전한 호기심을 갖는 의식 상태이다. 일단 앞 단계(제11장, 추방자와의 작업을 허락받기)를 모두 거쳤고 추방자와 접촉한 상태이면 **당신은** 추방자를 도울 수 있는 위치에 있다고 할 수 있다. 항상 그렇듯이 핵심은 참자아 상태에 있는 것이다.

　당신은 참자아 상태에서 추방자의 이야기를 목격한다. 추방자가 호수라면 호수 속으로 뛰어드는 대신에 조용히 호숫가에 앉아 물을 들여다보는 것이다.

추방자를 분리시키기 위한 작업

추방자들은 당신의 주목을 받고 급기야 자기 이야기를 할 수 있는 기회를 얻게 된 것에 매우 들뜨게 된다. 그들은 종종 당신과 섞이고 싶어 하고 하고 싶은 이야기를 모두 털어놓고 싶어 한다. 곁에서 기꺼이 경청할 것이므로 당신과 약간의 거리를 두면 더 잘 경청할 수 있다는 것을 부드럽게 이해시키라.

과거나 외상으로 통하는 많은 추방자들은 동시에 자기 이야기를 들어달라고 문으로 몰려든다. 당신은 그들의 이야기를 하나씩 차례로 들어주겠다고 확신시켜주어야 한다. 먼저 어떤 추방자와 작업하고 싶은지 결정하라. 그리고 다른 추방자들에게 기다려달라고 하라. 보통 이렇게 약속받은 상태에서는 어느 정도의 관심만으로도 사태가 진정된다.

추방자를 분리시켜야 할 이유

- 당신 자신이 지나친 고통에 휩싸이지 않도록 보호하기 위해서
- 보호자들이 활성화되지 못하도록 하기 위해서
- 현장에서 겪은 추방자의 고통과 이야기를 목격하기 위해서
- 그렇게 함으로써 당신은 추방자에게 치유의 행위자가 될 수 있다.
- 그렇게 함으로써 당신은 작업을 성공적으로 촉진시켜줄 수 있다.

추방자와의 작업을 위한 가이드라인

추방자 작업은 추방자에 대해 참자아 상태를 유지하면서 당신의 경험을 목격하고 당신을 지지해줄 수 있는 파트너와 함께할 때 더욱 쉽게 할 수 있다(파트너와의 작업에 대한 정보는 제20장 참조). 만약 혼자서 작업하고 있다면 가능한 한 환경을 지지적으로 만들라. 안전하고 조용한 장소를 택하도록 하라. 시작하기 전에 시간을 내어 중심을 잡고 안정을 찾으라. 다음의 저널 도구를 사용하여 경험을 추적하라. 할 수 있다면 당신의 경험을 프로세스하는 데 도움을 받을 수 있는 신뢰하는 친구나 전문가인 지지자를 구하라. 프로세스의 후반에 들어서서는 회기와 회기 사이의 기간에도 추방자를 추적하라.

연습 추방자 분리시키기

이 연습은 당신이 앞서 알아가고 있던 추방자와 해오던 작업을 계속할 수도 있고 새롭게 작업을 시작할 수도 있다. 새로운 작업을 시작한다면 반드시 추방자와 접촉하는 데까지의 전 단계들을 마무리지으라.

앞선 연습에서 다루었던 추방자와의 작업을 계속하는 경우라면 한동안 조용한 시간을 갖고 내면으로 들어가 호흡에 초점을 맞추며 안정을 찾으라. 그리고 앉아 있거나 누워 있는 바닥이 당신을 지지하고 있다는 느낌을 확인하라. 보호자와 다시 접촉하고 추방자와 접촉하기 전에 당신이 누구인지 상기시키라.

필요하면 이 추방자를 분리시키는 것에 초점을 맞추라. 다음의 빈칸에 이 프로세스에 대해 기록하라.

추방자가 여기 있다는 사실을 어떻게 아는가?(이미지, 감각, 기억 등)

_____

만약 당신이 정서적으로 격렬한 상태에 있고, 신체적인 동요가 있으며, 위축되거나 우울한 느낌이 들면 십중팔구 추방자와 섞여 있는 것이다. 만약 그렇다면 추방자를 당신으로부터 분리시키라.

당신 작업하고 있는 추방자의 이름은 무엇인가?_____

당신은 추방자와 섞여 있으며 추방자의 감정을 느끼고 있다는 사실을 자각하고 있다고 추방자에게 이야기해주라. 때로는 이러한 인정만으로도 어느 정도 진정시킬 수 있다.

이 추방자와의 작업에 도움을 줄 수 있도록 다음의 분리시키는 과정을 하나씩 체크하라.

분리시키는 방법

_____의식적으로 추방자와 거리를 두고 참자아 상태로 되돌아간다.

_____당신이 곁에 있을 수 있도록 추방자에게 자기 감정을 품고 드러내지 말라고 요청하라.

_____당신이 곁에 더 가까이 가더라도 추방자에게 당신을 압도하지 말아달라고 요청하라.

_____중심 잡기/안정 취하기를 통해 당신이 참자아 상태로 돌아오도록 만들라.

다음의 빈칸에 이 프로세스에 대한 특이사항을 기록하라.

_____

_____

만약 추방자가 자기 감정을 품고 있지 않으려 한다면 그 이유를 물어보라.

_____

_____

추방자의 분리를 주저하게 만드는, 염려하는 부분은 무엇인가?

_____

_____

추방자들은 종종 자기 이야기를 들어주지 않을까 봐, 혹은 또다시 추방될까 봐(예 : 의식세계 밖으로 밀려나거나 제한을 받거나 잊혀질까 봐) 두려워한다.

만약 추방자가 자기 감정을 품고 드러내지 않는다면 당신이 안전하게 곁에 있을 수 있다고 이야기하라. 당신이 정말로 추방자의 감정을 듣고 어떤 일이 일어났는지 목격하기 위해서는 그와 분리되어야 한다고 이야기하라.

이 추방자를 분리시키는 데 도움이 되었던 내용 :

_____

_____

추방자와의 작업 중에 섞임

일단 추방자와 작업을 시작하면 섞임은 언제든지 일어날 수 있다. 이것은 보통 추방자의 고통을 너무 많이 느끼는 상태를 말한다. 섞임을 감지하는 순간 분리시킬 수(즉 참자아 상태로 되돌아올 수) 있어야 한다. 만약 섞임이 문제라면 추방자 입장에서 1인칭으로 말하지 말고 추방자를 대변하라. 예를 들어 큰소리로 추방자에게 이렇게 이야기하라. "네가 어렸을 적에 그 사건이 일어나는 동안 너무 무서웠다고 했지. 내가 여기 있잖아. 내가 네 이야기를 기꺼이 들어줄게."

의식적인 섞임

때로는 추방자의 고통을 함께 느끼는 것이 괜찮을 수도 있다. 당신이 견실하게 참자아 상태에 있다면 추방자에게 그의 고통을 당신이 느낄 수 있도록 해달라고 할 수도 있다. 당신이 중심을 잃지 않고 참자아 상태에서 추방자 곁에 있을 수 있는 한, 이 방법은 괜찮다. 이 과정 중에도 참자아 상태에 있는 한 당신은 심지어 그 고통을 온전히 느끼고 표현할 수 있다. 73쪽에 있는 추방자를 분리시켜야 할 다섯 가지 이유를 보라. 당신이 추방자의 고통을 느끼는 동안 그 다섯 가지가 모두 사실이라면 당신은 여전히 참자아 상태에 있는 것이다. 따라서 계속 진행해도 좋다.

다음의 빈칸에 이 프로세스에 대한 특이사항을 기록하라.

_____

_____

_____

분리시키는 과정에서 보호자의 재등장

당신이 추방자를 알아가고 분리시키고 목격하는 과정(제12~14장)에서 종종 비켜서 있겠다고 약속한 보호자가 다시 자기 주장을 할 수도 있다. 발생한 사건에 대해 당신도 갑자기 분노를 느끼고 공격하고 싶은 격노로 가득 찰 수도 있고 막연하거나 분리된 느낌을 갖게 될 수도 있다. 이 같은 상황이 어느 하나라도 감지될 때는 보호자가 등장했음을 인정하라. 만약 당신이 이 보호자와 약속을 했었다면 보호자에게 그 약속을 상기시키라. 만약 보호자가 긴장을 늦추지 않는다면 그와 다시 어느 정도의 작업을 해야 할 수도 있다.

만약 새로운 보호자가 목소리를 낸다면 그와 어느 정도 시간을 가져 긴장을 늦추게 하고 다시 추방자에게로의 접근을 허락받도록 한다.

다음의 빈칸에 이 프로세스에 대한 특이사항을 기록하라.

_____

_____

_____

_____

제13장

추방자 알아가기

추 방자를 알아가는 프로세스는 보호자와의 작업과 유사하다. 추방자에게 접근하기, 추방자 분리시키기, 염려하는 부분 체크하기, 염려하는 부분 분리시키기, 추방자 알아가기, 추방자와 신뢰관계 발전시키기가 그것이다.

차이점은 이렇다. 당신이 추방자나 보호자를 알아감에 있어서 염려사항들이 서로 다르다는 것이다.

추방자 분리에 대해 염려하는 부분들이 가진 두려움

두려움 : 염려하는 부분들은 추방자가 장악하거나 당신이 추방자의 고통에 압도당할까 봐 두려워할 수 있다.

반응 : 당신은 참자아 상태를 유지할 것이고 추방자에게 힘을 불어넣어주지 않겠다고 이야기하라.

두려움 : 당신이 역량을 갖고 있지 않거나 추방자의 욕구가 너무 크기 때문에 염려하는 부분들은 자기들이나 당신이 추방자를 돌볼 수 없을 거라고 생각할 수 있다.

반응 : (1) 참자아 상태에서 당신은 긍휼의 마음과 무한한 역량을 가지고 돌볼 수 있고, (2) 추방자는 엄청난 관심과 에너지가 필요하지 않으며(비록 그렇게 느낄 수는 있더라도), (3) 참자아 상태에

서 추방자를 돌보는 것은 짐이 아니라 기쁨임을 이야기하라.

때로는 보호적인 시스템이 당신이 혼자서 추방자와 작업을 하도록 할 만한 준비가 되어 있지 않을 수 있다. 그때는 파트너(제20장 참조)나 훈련된 치료사와 작업할 필요가 있다. 그것을 알 수 있는 한 가지 방법은 당신이 참자아에 접근하거나 참자아 상태를 유지하는 것에 지속적인 어려움이 있는지 알아보는 것이다. 예를 들어, 당신이 작업을 시도할 때마다 보호자가 너무 강해 결국 졸음이 오거나 딴 생각을 하게 되거나 어떤 강박적인 행동을 하게 되는 경우를 말한다. 당신이 지금까지 프로세스해본 적이 없는 외상(학대, 사랑하는 이의 죽음이나 그것의 목격, 혹은 사고나 자연재해 등을 목격했거나 그것에 관여함 등)을 안고 있다면, 다른 사람과 작업하는 것도 권장할 만하다.

연습　추방자 알아가기

당신이 알아가고 싶은 추방자를 택하라. 당신은 앞서 알아가고 있던 추방자와의 작업을 계속하거나 어떤 보호자와 새로이 작업을 시작할 수도 있다. 보호자를 분리시키기, 염려하는 부분들의 긴장을 늦추기를 거쳐 추방자를 파악하고 접촉하는 프로세스까지 진행한다.

어디서 시작하든지 잠깐 동안 내면으로 들어가는 것에서 시작하라. 당신의 발이 바닥에 닿아 있음과 당신이 앉아 있는 의자가 당신을 받쳐주고 있음을 감지함으로써 무언가가 당신을 지지해 주고 있음을 분명히 자각하라. 당신의 호흡에 초점을 맞추라. 호흡이 빠른지 느린지 깊은지 얕은지 흉식호흡인지 복식호흡인지 감지하라. 당신의 몸의 긴장을 늦추도록 유도하면서 호흡이 깊어지도록 하라. 그리고 당신이 추방자 곁에서 추방자를 알아가겠다고 하며, 보호자를 안심시키라.

이 상태에서 추방자와 접촉하라.

이제 염려하는 부분들이 있는지 체크하라. 이렇게 질문하라. "나는 지금 이 추방자를 향해 어떤 느낌이 드는가?"

염려하는 부분들이 있으면 다음에 기록하라.

각각의 염려하는 부분이 자기가 보호하고 있는 추방자에 대해 어떤 두려움을 가지고 있는지 물어보라.

염려하는 부분 : ＿＿＿＿＿＿＿＿＿＿＿＿＿＿＿＿＿＿＿＿＿＿＿＿

두려움 : ＿＿＿＿＿＿＿＿＿＿＿＿＿＿＿＿＿＿＿＿＿＿＿＿＿＿＿

당신의 반응 : ＿＿＿＿＿＿＿＿＿＿＿＿＿＿＿＿＿＿＿＿＿＿＿＿

부분의 반응 : ＿＿＿＿＿＿＿＿＿＿＿＿＿＿＿＿＿＿＿＿＿＿＿＿

염려하는 부분 : ＿＿＿＿＿＿＿＿＿＿＿＿＿＿＿＿＿＿＿＿＿＿＿＿

두려움 : ＿＿＿＿＿＿＿＿＿＿＿＿＿＿＿＿＿＿＿＿＿＿＿＿＿＿＿

당신의 반응 : ＿＿＿＿＿＿＿＿＿＿＿＿＿＿＿＿＿＿＿＿＿＿＿＿

부분의 반응 : ＿＿＿＿＿＿＿＿＿＿＿＿＿＿＿＿＿＿＿＿＿＿＿＿

염려하는 부분 : ＿＿＿＿＿＿＿＿＿＿＿＿＿＿＿＿＿＿＿＿＿＿＿＿

두려움 : ＿＿＿＿＿＿＿＿＿＿＿＿＿＿＿＿＿＿＿＿＿＿＿＿＿＿＿

당신의 반응 : ＿＿＿＿＿＿＿＿＿＿＿＿＿＿＿＿＿＿＿＿＿＿＿＿

부분의 반응 : ＿＿＿＿＿＿＿＿＿＿＿＿＿＿＿＿＿＿＿＿＿＿＿＿

염려하는 부분들이 긴장을 늦추고 추방자와 접촉할 수 있게 되면 어떤 것이 감지되는가?

추방자의 모습 : ＿＿＿＿＿＿＿＿＿＿＿＿＿＿＿＿＿＿＿＿＿＿＿

몸 안에서의 느낌 : ＿＿＿＿＿＿＿＿＿＿＿＿＿＿＿＿＿＿＿＿＿＿

부위 : ＿＿＿＿＿＿＿＿＿＿＿＿＿＿＿＿＿＿＿＿＿＿＿＿＿＿＿＿

당신과 얼마나 가까이 있는가?＿＿＿＿＿＿＿＿＿＿＿＿＿＿＿＿＿

당신이 곁에 있다는 사실을 아는가?＿＿＿＿＿＿＿＿＿＿＿＿＿＿

당신이 누구인지를 아는가?＿＿＿＿＿＿＿＿＿＿＿＿＿＿＿＿＿＿

추방자와 접촉하기 시작하면서, 당신이 추방자 곁에 있으며 그를 알아가는 데 관심을 갖고 있다는 사실을 알려주라. 어떻게 알려주겠는가?

＿＿＿＿＿추방자에게 말을 건다.

＿＿＿＿＿추방자에게 한 걸음 다가간다.

_____추방자에게 마음 문을 연다.

_____추방자의 호흡에 당신의 호흡을 맞춘다.

_____추방자의 눈을 바라본다.

_____추방자에게 신체적 접촉을 한다.

_____기타_____

_____

추방자에 대해 알아보기

많은 질문들이 보호자에게 했던 질문과 유사함을 알 수 있다. 추방자의 나이와 언제 태어났는지를 반드시 질문하라. 추방자 부분들은 나이에 따라 겹겹이 쌓여갈 수 있음에 주목하라. 때로는 한 부분이 추방자도 되고 보호자도 된다. 예를 들면, 자신의 고통을 품고 있는 여섯 살짜리 추방자가 자기보다 어린 추방자를 보호하고 있을 수도 있다.

연습   추방자에 대해 알아보기

추방자 이름 : _____

추방자 이름 : 추방자는 종종 나이 혹은 태어난 시기와 관련된 이름을 가지고 있다. 추방자 각자가 스스로 자기 이름을 짓도록 하라. 그 부분에 대한 이해가 더해짐에 따라 이름은 언제든지 바꿀 수 있다.

당신의 추방자를 알아가도록 도와주는 질문들

아주 조심스럽게 그리고 열린 마음으로 이러한 질문들을 하도록 하라. 여리고 조심스러운 사람과 대화할 때처럼 대화의 끈을 이어가라.

당신은 누구인가?_____

당신은 어떤 일을 하고 있는가?_____

나의 시스템에서 당신의 역할은 어떤 것인가?_____

당신을 어떻게 불러주면 좋겠는가?_____

언제 태어났는가?_____

몇 살인가?_____

어떤 느낌을 갖고 있는가?＿＿＿＿＿＿＿＿＿＿＿＿＿＿＿＿＿＿＿＿＿＿＿

무엇 때문에 그런 느낌을 갖게 되었는가?＿＿＿＿＿＿＿＿＿＿＿＿＿＿＿＿＿

　　제11~18장의 연습 예제는 한 추방자에 대한 작업으로서, 내담자가 추방자를 알아가고, 그 이야기를 목격하며, 재양육하고 짐 내려놓기를 진행하는 일련의 회기를 보여주고 있다.

보기　추방자에 대해 알아보기

추방자 이름 : <u>작은 소녀</u>

당신은 누구인가? <u>슬픈 아이</u>

당신은 어떤 일을 하고 있는가? <u>울며 구석에 웅크리고 있다.</u>

나의 시스템에서 당신의 역할은 어떤 것인가? <u>비난받으며 거부당하는 고통을 안고 있다.</u>

당신을 어떻게 불러주면 좋겠는가? <u>착한 소녀</u>

언제 태어났는가? <u>카톨릭학교 2학년 때</u>

몇 살인가? <u>일곱 살</u>

어떤 느낌을 갖고 있는가? <u>외로움</u>

무엇 때문에 그런 외로운 느낌을 갖게 되었는가? <u>아무도 나와 놀지 않으려 한다. 나는 친구가 하나도 없다. 사람들이 나를 이상한 아이라 부른다.</u>

당신은 사람들과 어떻게 교류하는가? <u>내게는 나를 보호해주는 화난 부분들이 있다.</u>

현재 상황에 대해 어떤 느낌인가? <u>친구들로부터 상처를 받았다.</u>

이 부분에 대해 가지고 있는 질문들

어떤 친구들을 원하는가?

답 : <u>내 자신에 대해 뿌듯한 느낌을 가질 수 있게 해주는 친구들</u>

이러한 친구에 대해 좀 더 자세히 이야기해줄 수 있는가?

답 : <u>쾌활하고 웃기며 신뢰할 만하고 친절하며 무엇보다 중요한 건 나를 좋아하면 좋겠다.</u>

추방자 체크하기

당신이 추방자를 향하여 어떤 느낌을 갖고 있는지 자주 체크하라. 시간을 내어 당신이 참자아 상태에 있는지 그리고 긍휼히 여기는 마음이 있는지 확인하라. 추방자에 의해 자극받기 쉽다. 추방자의 이야기를 듣다 보면 그에게 화를 낼 수 있다. 그들의 두려움은 때로는 도저히 알 수 없는 좌절감에 빠지도록 만든다. 이것은 새로운 관계임을 기억하라. 새로운 관계가 발전될 수 있도록 당신은 현재에 머물며 마음을 열도록 한다. 추방자의 반응이 어떻게 당신의 감정에 영향을 미치고 있는지 감지하라.

연습   추방자를 실시간으로 감지하기

이제 추방자가 실시간으로 활성화되는 순간을 감지해보도록 하라. 이러한 상황 가운데 있을 때마다 추방자가 자극을 받는지 조심스럽게 주의를 기울이라. 자극을 받으면 어떤 느낌이 드는가? 부분이 그곳에 있다는 것을 어떻게 자각하는지 주목하라. 자세의 변화, 행동의 변화, 정서적인 흐름이 감지되는가? 이 추방자를 대비하기 위해 보호자가 활성화되는가? 만약 그렇다면 보호자는 어떻게 행동하는가?

날짜	상황	자각	활성화된 부분들	느낌	행동

보기   추방자를 실시간으로 감지하기

추방자 : <u>작은 안토니</u>

상황 : <u>아내가 나의 식습관을 비난한다. 나를 돌봐주지도 않았으면서.</u>

날짜	상황	자각	활성화된 부분들	느낌	행동
월	점심 때 내가 무엇을 먹었는지 아내가 물어본다. 피자? 감자튀김?	가슴이 덜컹 내려 앉는다. 주먹을 불끈 쥐고 얼굴이 빨개지며 화끈거린다.	적절한 대응 실패 (작은 안토니) 보호적인 분노	작아지고 힘이 빠진 느낌, 죄책감 화가 남	뒤로 빠졌다가 화를 냄
수	상사가 내게 발표 준비가 되었는지 물어본다.	가슴이 덜컹 내려 앉는다. 초조해진다.	적절한 대응 실패 착한 소년	겁이 남, 작아진 느낌 죄책감, 무서움	주저함, 말을 더듬음, 거짓말할까? 허둥지둥 일을 끝냄
금	아내와 외식하러 나갔다. 아내가 나보고 주문하라고 한다.	가슴이 덜컹 내려 앉는다. 심호흡을 한다.	나쁜 소년 어느 정도의 참자아 상태	언짢음, 죄책감, 실망스러운 존재 마음이 열리고 안정된 느낌	처음에는 뒤로 빠졌다가 내 의견을 밝히겠다고 결심함

제14장

어릴 적 기억에 접근하고 목격하기

일단 당신이 추방자를 알게 되었고 어느 정도 신뢰가 쌓였으면 그가 가진 어릴 적 고통의 기억에 접근할 수 있다. IFS에서는 추방자가 품고 있는 기억, 내면 감정, 신체적 경험, 신념 및 혼돈을 짐이라 부른다. 그 짐들은 추방자가 경험한 것 혹은 떠맡은 것이지 추방자에게 내재적인 것(타고난 것)이 아니다. 따라서 짐은 내려놓을 수 있다. IFS 관점에서 고통스러운 경험에 의해 만들어진 것은 추방자가 아니라 짐들이다.

추방자의 이야기를 목격하기

앞서 언급한 바와 같이 추방자들은 우선 자기 이야기를 들어주기를 바란다. 대부분의 경우 어릴 적 상황에서 자신들의 감정을 정확하게 반영해주거나, 적절하게 보호해주거나, 위로해주거나, 자신들이 경험하고 있는 것을 조망해줄 누군가가 곁에 없었다. 참자아가 가진 대부분의 역할은

이 상황들을 목격하는 것이다.

때때로 추방자가 등장할 때 당신은 저절로 그가 품고 있는 이야기를 알게 된다. 추방자는 과거의 기억에 갇혀 있는 아이로 보인다.

당신은 그때의 상황을 보고는 어떤 사건인지, 그리고 추방자가 품고 있는 짐이 어떤 것인지 알게 된다. 다음은 추방자의 이야기를 들려달라고 용기를 북돋워주는 표현이다.

- 당신이 이런 느낌을 갖게 되었을 때의 이미지나 기억을 보여주세요.
- 당신이 어릴 적에 이 역할을 처음으로 떠맡았을 때의 상황을 보여주세요.
- 내가 당신의 어떤 면을 더 잘 이해해 주기를 원합니까?

이미지와 기억

기억은 다양한 형태로 떠오른다. 사건에 대한 영화를 보듯이 시각적인 이야기일 수도 있고 어릴적 시절을 생각나게 하는 물리적 신호일 수도 있다. 많은 정보가 담겨 있는 고통, 긴장, 소리 혹은 냄새 같은 신체적 기억일 수도 있다. 실제적인 내용이 있든 없든 당신을 꿰뚫고 흐르는 정서일 수도 있다. 추방자가 특정 사건에 대한 의식적인 기억을 보여주는지의 여부는 중요하지 않다. 추방자의 기억이 펼쳐질 때 당신이 참자아 상태에서 의식적으로 그 부분 곁에 함께 있는 것이 중요하다.

기억은 다음과 같은 이유에서 분명치 않거나 순서적이지 않을 수 있다.

1. 그 기억은 영아기 이전 단계의 사건일 수 있다. 왜냐하면 당신이 너무 어려서 의식적인 기억이 없거나 무슨 일이 일어나고 있는지 이해하지 못할 때 사건이 발생하였기 때문이다. 이것을 **암묵적 기억**이라고 부른다. 이것은 신체나 정서적 감각, 어떤 한 의식적 기억 혹은 당신이 자각하고 있는 당신 자신에 대한 이야기와도 합치되지 않는 이미지 형태로 떠오른다.

2. 그 기억은 한 사건이 아니고 수백, 수천 번 발생하였던 특정한 가족 간의 교류일 수 있다. 이 경우, 이 모든 것을 대표하는 하나의 의식적인 기억일 수 있고 이 모든 것을 대표하는 어떤 이미지거나 분명하지 않은 감각일 수도 있다.

3. 그 기억이 의식적인 형태로 나타나지 않을 수도 있으나 신체 감각과 같이 다른 유형의 암묵적 기억이나 이미지로써 나타나기도 한다.

일단 추방자가 이미지나 기억을 보여주면, 추방자가 원하는 만큼 자세히 상황을 이야기해달라고 요청하라. 어떤 일이 일어났으며 이 사건이 부분으로 하여금 어떻게 느끼도록 만들었는지에 특히 관심을 쏟으라. 당신은 긍휼의 마음을 가지고 돌보는 목격자로서 곁에 있으라. 추방자가 어떤 감정이나 문제에 연루된 일련의 기억을 보여주어도 좋다. 그러나 당신이 다음 단계로 진행할 때 한 번에 하나의 기억에 초점을 맞추는 것이 가장 좋다.

다음 단계로 나아가기 전에 추방자가 자기가 원하는 모든 것을 보여주었는지 그리고 그 경험이 얼마나 힘든 것이었는지 당신이 이해하고 있다는 사실을 깨닫고 있는지 확인하라.

연습   어릴 적 기억에 접근하고 목격하기

이 연습은 어릴 적 기억에 대한 작업이다. 당신은 추방자와 상당한 시간을 함께하며 그 이야기를 목격하고 그 사건이 추방자에게 어떤 심대한 영향을 끼쳤는지 알아낸다.

바로 전에 알아가고 있었던 추방자와 해오던 작업을 계속할 수도 있고, 새롭게 작업을 시작할 수도 있다. 만약 새로운 추방자를 탐색하기로 한다면 그 보호자와 시작하여 추방자와 접촉하고 안전한 관계가 발전될 때까지 P1~P5단계를 거친다.

어디서 출발하든지 간에 잠시 시간을 내어 참자아 에너지를 활성화시키는 것으로 시작하라. 당신 나름대로의 습관적인 방식을 택할 수도 있고 또는 몇 차례의 심호흡을 하고 어깨의 긴장을 늦추며 턱을 좌우상하로 움직이면서 몸 안으로 깊이 빠져들 수도 있다.

또 한번의 심호흡을 하고, 참자아 상태에 있는 당신이 여기에 있으며 추방자의 이야기를 듣고 싶어 한다는 사실을 보호자들에게 이야기해준다.

추방자 이름 : _____

추방자를 알게 되었을 때 기억이 분명히 떠올랐는가?_____
_____

추방자에게 어릴 적 이야기를 해달라고 요청하였는가?_____
만약 그렇다면 어떤 질문들이 도움이 되었는가?_____
_____

어릴 적 이야기를 듣는 도중 추방자를 보호하려고 보호자들이 등장하는 것을 자각하였는가? 그렇다면 누가 등장하였는가?_____

추방자의 감정과 신념은 무엇이었는가?_____

_____

_____

어릴 적에 어떤 일이 있었는가?_____

_____

_____

_____

그 사건으로 인하여 추방자는 어떤 느낌을 갖게 되었는가?_____

_____

_____

지금 (참자아 상태에 있는) 당신은 추방자를 향해 어떤 느낌이 드는가?_____

그것이 얼마나 기분 언짢은 일이었는지 이제는 당신이 알고 있다고 추방자가 느끼고 있는가?

_____

아래 빈칸에 목격 과정에 대해 적고 싶은 사항을 적으라.

_____

_____

_____

_____

보기 어릴 적 기억에 접근하고 목격하기

추방자 이름 : <u>착한 소녀</u>

추방자를 알게 되었을 때 기억이 분명히 떠올랐는가? <u>그렇다.</u>

추방자에게 어릴 적 이야기를 해달라고 요청하였는가? <u>아니다. 내가 보호자에게 감사하자 그</u>
 <u>이야기가 막 생각났다. 다른 애들이 나를 놀릴 때 보호자가 나타나기 전의 상황이 어떠했는지 기억</u>
 <u>이 났다.</u>

만약 그렇다면 어떤 질문이 도움이 되었는가? <u>"내가 보호해주어야겠다고 생각하는 보호자에게</u>
 <u>감사를 표현해보겠어요?"라는 질문이었다.</u>

어릴 적 이야기를 듣는 도중 추방자를 보호하려고 보호자들이 등장하는 것을 자각하였는
가? <u>그렇다.</u>

그렇다면 누가 등장하였는가? <u>내면비판자가 수녀의 모습으로 등장했다.</u>

추방자의 감정과 신념은 무엇이었는가? <u>나는 괴짜면서 이상한 아이다. 나는 무언가 잘못되었다.</u>

어릴 적에 어떤 일이 있었는가? <u>그 수녀는 내가 무언가 잘못되었고 그래서 내게 친구가 없는</u>
 <u>거라고 말했다.</u>

그 사건으로 인하여 추방자는 어떤 느낌을 갖게 되었는가? <u>외로움, 기분이 언짢음, 거절당한</u>
 <u>느낌</u>

지금 (참자아 상태에 있는) 당신은 추방자를 향해 어떤 느낌이 드는가? <u>긍휼의 마음과 돌보</u>
 <u>고자 하는 느낌</u>

그것이 얼마나 기분 언짢은 일이었는지 이제는 당신이 알고 있다고 추방자가 느끼고 있는
가? <u>그렇다. 추방자는 내가 곁에서 자기를 돌보고 있다고 느끼고 있다. 추방자는 긴장을 늦추고</u>
 <u>조용히 앉아 있겠다고 한다.</u>

제15장

추방자 재양육하기

일단 추방자가 가지고 있는 어릴 적 고통의 기억에 접근하고 목격하였다면 추방자를 재양육할 수 있게 된다. 이것은 당신이 추방자를 돌보고, 관계를 맺으며, 맨 처음 상처를 입었을 때 추방자가 필요로 하였던 지지를 제공해줌으로써 치유해줄 수 있다는 의미다.

참자아는 추방자에게 원래의 고통스러운 경험을 대신할 수 있는 새롭고 긍정적인 경험을 제공해줄 수 있다. 재양육 과정은 실제로 뇌 속에 새로운 신경경로를 형성시켜주는 것이다. 이 때문에 당신의 정신세계와 삶이 극적으로 변화될 수 있다.

목격하기 단계가 진행되는 동안 추방자는 당신에게 고통과 부정적인 신념(짐)을 짊어지고 있던 기억을 보여주었다. 당신은 재양육 단계에서 이 기억에 초점을 맞춘다. 만약 추방자가 관련된 기억 여러 가지를 보여줄 경우 이 중에서 초점 맞출 하나를 선택한다.

재양육 과정

상상 속에서 원래의 어릴 적 상황 가운데 있는 추방자와 함께하라. 예를 들어, 만약 부엌에서 돕는다면서 그게 뭐냐고 엄마로부터 조롱받은 기억이 난다면 추방자와 엄마와 함께 부엌에 있는 모습을 머릿속에 그리라. 반드시 긍휼의 마음, 용기, 침착함뿐만 아니라 성인으로서의 모든 지식과 역량을 갖춘 **참자아 상태**에서 어릴 적 상황에 들어가도록 하라. 그 당시 추방자가 누군가 곁에

같이 있어주기를 바랬듯이 추방자 곁에 있어주라. 추방자는 이해, 돌봄, 지지, 인정, 위해로부터의 보호, 격려, 혹은 사랑이 필요할 수 있다. 그 상황에서 치유를 위해서는 당신에게 필요한 것이 어떤 것인지 파악하라. 그리고 있었던 사건을 바로잡으라.

추방자가 당신에게서 필요한 것이 어떤 것인지 파악하면 당신의 내적 상상을 통해 그것을 공급하라. 시각적 이미지, 신체 감각, 정서적인 접촉이나 추방자에게 말 걸기 등이 될 수 있다. 참자아 상태에서 당신은 추방자를 재양육시킬 수 있는(추방자의 좋은 부모가 되는) 역량을 가지고 있다. 이것은 추방자에게 만족감을 가져다주며 또한 당신에게 보람을 가져다준다. 왜냐하면 평안과 안전감을 결사적으로 필요로 하는 당신의 부분에게 바로 그것을 제공해주기 때문이다. 그것은 또한 당신과 추방자 사이의 유대를 강화시켜준다.

때로 추방자는 당신이 그 상황에서 조치를 취하며 자기를 위해 무언가 해주거나 변호해주기를 바란다. 예를 들면, 추방자는 자기가 당한 사건이나 필요한 것에 대해 당신이 자기 부모에게 이야기해주기를 바랄 수도 있다. 때로는 추방자가 스스로를 변호하는 동안 당신이 지지해주기를 바라거나 자기가 필요한 바를 이야기할 때 자기 곁에 혹은 뒤에 서 있기를 바랄 수도 있다.

추방자를 어떤 식으로든 바꾸려 들지 말라. 추방자가 자신의 모습을 바꾸거나 자신에 대해서 달리 생각해야 한다는 압박감을 느끼지 않도록 하는 것이 좋다. 이 같은 변화들은 재양육 경험과 짐 내려놓기라는 다음 단계에서 자연스럽게 나올 것이다.

지금 당장 당신이 할 수 있는 것에 초점을 맞추라. 가장 먼저 어릴 적에 다른 사람보다도 당신으로부터 얻을 수 있는 것이 어떤 것인가에 초점을 맞추도록 하라. 원래의 상황과 맞닥뜨리거나 그 상황을 바꾸는 것이 종종 도움이 될 수도 있다. 그러나 보통 추방자가 당신에게서 지지받는 것이 용이하다.

만약 추방자가 미래에(이를테면 다음 몇 주 동안에 걸쳐) 당신으로부터 무언가를 바란다면 그 부분이 바라는 것을 주겠다고 약속할 수도 있다. 여기서 약속한 것을 지키는 것이 중요하다. 따라서 조심스럽게 약속하라. 하지만 추방자가 지금 당장 당신에게서 필요한 것이 있는지 반드시 확인하도록 하라.

연습　추방자 재양육하기

이제 추방자 재양육을 진행한다. 앞에서와 마찬가지로 이전 연습에서 작업하였던 추방자와 계속해서 작업하고 싶을 수도 있고, 새로운 추방자를 탐색하고 싶을 수도 있다. 만약 후자의 경우라면 보호자들이 갖고 있는 원래의 의도를 파악하고 추방자에 대해 긍휼의 마음과 돌봄의 역량을 갖고 있는 당신이 곁에 있다는 사실을 알도록 앞의 모든 과정을 반드시 거치도록 한다.

어디서 시작하든지 간에 잠깐 시간을 갖고 당신의 참자아 에너지를 안정시키라. 심호흡을 하고는 당신의 정수리를 통해 숨을 들이쉬고 당신의 발가락을 통해 숨을 내쉬는 모습을 머릿속에 그리라. 바다 물결처럼 공기가 당신을 통해 들어오고 나가면서 당신이 진정되고 긴장이 늦춰주는 모습을 머릿속에 그리라. 이러한 공기의 흐름은 당신이 참자아 상태로 충만하지 못하게 만드는 어떤 것이라도 씻어버린다.

일단 추방자가 가지고 있는 어릴 적 고통의 기억에 접근하고 목격하였다면 당신이 어릴 적 그 상황으로 들어가 추방자인 자기를 도와주기를 바라는지 물어보라. 만약 원한다면 당신이 과거로 돌아가 그 아이 곁에 함께 있는 모습을 머릿속에 그리라. 추방자가 어떤 상황이 일어나기를 바라고 당신에게서 어떤 것을 바라는지 이야기하도록 만들라.

당신이 추방자가 필요로 하는 것을 줄 때, 추방자가 당신의 존재를 깨닫고 있는지 체크해보라. 그러고는 당신이 주는 것에 어떻게 반응하고 있는지 체크하라. 추방자가 받아들이고 있는가? 시간을 갖고 당신이 베풀고 있는 사랑, 지지, 긍휼의 마음 등을 느껴보라. 이런 식으로 추방자와 함께 있는 것에 대해 당신 몸에서는 어떻게 느껴지는가? 그런 다음, 시간을 충분히 가지고 추방자가 좋은 느낌 가운데 몰입하여 그 몸에서 효과를 느끼도록 하라.

추방자 : _____

어릴 적에 어떤 사건이 일어났었는가?_____ _____

_____

_____

_____

그것이 추방자로 하여금 어떻게 느끼도록 만들었는가?_____

_____

당신이 추방자에게 베푼 재양육 형태 : _____

_____

추방자가 당신에게 제공받기를 원했던 것 : _____

_____

_____

추방자가 그 상황에서 당신이 변호해주기를 원했는지 여부 : _____

_____

당신이 변호할 때 추방자를 지지해주기를 원했는지 여부 : _____

_____

추방자는 당신의 재양육 노력에 어떻게 반응하였는가?_____

_____

다른 부분들은 당신의 재양육 노력에 어떻게 반응하였는가?_____

_____

아래 빈칸에 이 프로세스에 대해 구체적으로 느낀 바를 적으라.

_____

_____

_____

_____

보기　　**추방자 재양육하기**

추방자 : 착한 소녀

어릴 적에 어떤 사건이 일어났었는가? 2명의 여자아이들이 착한 소녀와 함께 등교하고 싶지 않았기 때문에 마주치기 싫어서 그 아이 집 앞을 뛰어서 지나갔다.

그것이 추방자로 하여금 어떻게 느끼도록 만들었는가? 남들과 다르고 이상한 것 아닌가 하는 느낌

당신이 추방자에게 베푼 재양육 형태 : 참자아가 그 장면으로 들어감

추방자가 당신에게 제공받기를 원했던 것 : 그 아이는 참자아가 자신의 친구가 되어주기를 원했다.

추방자가 그 상황에서 당신이 변호해주기를 원했는지 여부 : 아니다. 그 아이는 이렇게 말했다. "만약 내게 당신 같은 친구가 있다면 저 아이들이 필요 없었을 거야."

당신이 변호할 때 추방자를 지지해주기를 원했는지 여부 : 그 아이는 다른 아이들에게 혀를 내밀며 "봐라. 이젠 내게도 친구가 있지롱." 하면서 지지해주기를 원했다.

추방자는 당신의 재양육 노력에 어떻게 반응하였는가? 그 아이는 긴장을 늦추며 활발해졌고 즐겁게 놀 수 있게 되었다.

다른 부분들은 당신의 재양육 노력에 어떻게 반응하였는가? 다른 부분들은 중요하지 않게 되었다.

연습 ## 실시간으로 추방자 재양육하기

이 연습은 당신이 이미 재양육하였거나 혹은 데리고 나온 추방자와 추가작업을 하는 데 사용할 수 있다. 당신이 잘 알고 있으며 이미 재양육을 베풀었던 추방자를 택하라.

추방자 이름 : _____

근원이 되는 어릴 적 상황 : _____

_____

추방자를 재양육한 방법 : _____

_____

_____

추방자에게 한 약속 : _____

_____

_____

다음 주에는 실시간으로 이 추방자를 재양육하겠다고 작정하라.

추방자가 활성화될 가능성이 있을 때를 자각하기 위해서 다음의 질문에 답하라.

어떤 상황이나 사람들이 이 추방자를 활성화시키는 경향이 있는가?_____

_____

_____

다음 주 언제쯤 이런 일이 일어날 가능성이 있는가?_____

_____

　"지금 이 부분이 활성화되는지 체크하라."고 스스로를 상기시켜주도록 한다. 추방자가 활성화되었음을 감지하면 잠깐 시간을 갖고 추방자에 초점을 맞춘 다음 그 부분이 느끼고 있는 것이 무엇이며 필요한 것이 무엇인지 알아내라. 대부분 당신이 추방자와 함께 있는 동안에 이미 베풀었던 재양육과 동일한 형태를 필요로 할 것이다. 이것은 하기가 어렵지 않다. 왜냐하면 당신은 이미 추방자가 필요로 하는 것이 어떤 것인지를 알고 있기 때문이다. 추방자가 그 순간에 필요로 하는 재양육을 베풀라.

　당신이 경험한 것에 대해 필요한 대로 다음에 기록하라.

추방자 : _____

활성화된 시간과 장소 : _____

활성화되는 상황 : _____

_____

_____

활성화된 자각 :

느낌 : _____

신체 감각 : _____

기억 : _____

생각 : _____

감정 : _____

등장하는 보호자들 : _____

_____

그 밖의 보호자들 : _____

_____

_____

재양육 착수 : _____

_____

_____

_____

추방자가 어떻게 반응하였는가? _____

_____

_____

_____

그 밖에 추방자가 당신으로부터 필요로 하는 것들 : _____

_____

_____

_____

_____

_____

제16장

추방자 데리고 나오기

추방자는 과거에 머물러 있으면서 과거의 외상을 반복적으로 재경험한다. 따라서 치유 과정에서 추방자에게 어릴 적 환경에서 데리고 나올 수 있는 기회를 부여하는 것이 중요하다. 이것은 추방자 부분을 놀라게 만든다. 추방자는 이것이 가능하다는 사실에 충격을 받는다.

추방자에게 당신은 누구이며, 과거의 위협과 제약이 더 이상 적용되지 않는 다른 시대에 살고 있다는 사실을 보다 구체적으로 교육할 필요가 있다. 추방자에게 당신의 나이가 얼마이며 지금 당신의 삶이 어떤지 알려주라.

추방자에게 물어보고 추방자가 그동안 과거에 머물러왔으며 당신이 그 부분을 그때와는 사정이 다른 현재로 데리고 나오는 것이 가능하다는 사실을 이해시켜주는 것이 중요하다. 과거에서 빠져나와 안전하고 편안한 장소로 옮겨가고 싶은지 추방자에게 물어보라. 추방자는 아마 어디로 갈 것인지 물어볼 것이다. 추방자에게 가고 싶은 곳을 선택하라고 하는 것이 적절할 수 있다.

당신이 추방자를 데리고 갈 수 있는 장소에는

몇 가지 가능성이 있다.

- 집으로 데리고 가 현재 삶 가운데서 당신과 함께 있을 수 있다.
- 당신의 현재 삶이 완전히 안전하지 않다고 생각되면 안전하다고 생각하는 누군가(실제든 상상이든)와 함께 있을 것인가를 논의할 수 있다.
- 추방자를 당신의 몸 안으로 데려와 당신의 가슴 안에 살도록 할 수 있다.
- 추방자가 안전하다고 생각되는 곳에 머물 수 있도록 상상의 장소를 머릿속에 그릴 수도 있다.
- 추방자의 소원을 지지해줄 수 있다. 예를 들어, 지금까지 갇혀 있던 추방자는 자유로이 돌아다니는 것을 원할 수도 있다. 그러한 경우에 언제라도 방문할 수 있으며 들어와 같이 살기를 원한다면 당신의 문은 항상 열려 있음을 추방자에게 상기시켜줄 수 있다.

때로는 추방자가 나오게 되는 상황을 주저할 수 있는데, 거기에는 다음과 같은 몇 가지 이유가 있을 수 있다.

- 데리고 나오기에 관련된 질문이 불신의 문제를 야기할 수 있다. 이 문제를 둘러싸고 등장하는 보호자들은 여느 보호자의 염려에 대해 작업하던 것과 동일한 방식으로 작업할 필요가 있다(제8장 참조).
- 재양육 경험으로 말미암아 추방자가 지금 있는 곳이 더 안전하다고 여길 수도 있다. 추방자는 한동안 그곳에 머물고 싶어 할 수 있다.
- 추방자들은 자신들이 돌보는 다른 부분들을 염려할 수 있다. 예를 들어 어떤 추방자들은 더 어린 추방자들이나 형제의 보호자들일 수도 있다. 따라서 만약 그들에게 다른 추방자들도 함께 데리고 나간다는 이야기를 들려준다면, 그들을 데리고 나오기가 보다 용이해진다.
- 때로는 가족 상황의 역동이 염려의 원인이 되기도 한다. 추방자 자신이 부모를 부양해야 하거나 자신이 떠나면 가족이 와해될 것이라고 믿고 있을 수 있다. 이 같은 가족 간의 얽힘(enmeshment)은 짐으로 간주되어야 하고 제17장에 기술한 대로 작업해야 한다.

임시로 데리고 나오기

상당한 기간 동안 단계적으로 추방자와 작업하는 것이 적절할 수도 있다. 데리고 나오기 프로세스는 추방자와의 초기 작업 단계에서도 일어날 수 있다. 만약 당신이 여러 회기를 거치면서 추방자를 알아가고 있는 중이라면 회기 말미에 과거 상황에서 꺼내어 다음 회기 전까지 머물 수 있는 안전한 장소를 찾아주겠다고 제안할 수도 있다.

만약 추방자가 이렇게 할 준비가 되어 있지 않다면 추방자가 과거에 머물고 있는 동안 모종의 지원을 해주겠다고 제안할 수도 있다. 추방자의 작업이 끝나기를 기다리는 동안 따뜻한 담요, 플래시, 혹은 추방자가 바라는 어떤 것이라도 제공해준다.

연습   추방자 데리고 나오기

이제 당신은 추방자에게 데리고 나오기, 즉 과거에서 빠져나와 현재로 들어갈 수 있는 기회를 줄 수 있게 되었다. 당신은 아마도 바로 전 연습에서 다루었던 매우 친근한 추방자와 작업하고 싶을 것이다. 앞에서와 마찬가지로 만약 새로운 추방자와 시작한다면 보호자로부터 시작하여 보호자를 알아가기 단계를 거쳐(P1~P5단계, 부록 A, 159~161쪽 참조) 추방자 알아가기의 첫 단계까지 진행하는 것을 기억하라. 기다렸다가 재양육 후에 진행할 수도 있다. 혹은 한 순간이라도 과거에 머무는 것이 추방자에게 안전하지 않다는 생각이 들면, 당신이 데리고 나갈 것을 제안할 수도 있다.

어디서 시작하든지 시간을 갖고 참자아 에너지를 모으라. 추방자가 당신을 신뢰하고 당신이 자신을 불쾌한 상황으로부터 건져줄 수 있으며 또한 건져줄 것이라고 믿을 수 있도록 분명히 참자아 상태에 있어야 한다. 참자아 상태로 들어가기 위해서는 당신의 모든 근육을 수축시켰다가 풀면서 깊은 안도의 숨을 쉬는 것이 도움이 된다. 근육 부위별로 할 수도 있다. 먼저 다리, 그다음에 아랫배, 가슴, 팔, 어깨, 그리고 마지막으로 목과 얼굴의 근육을 수축시켰다가 풀어준다.

생명을 불어넣는 깊은 호흡과 함께 들이쉬기를 한 채로 몇 초 동안 멈추고 나서 내쉬기를 몇 초 동안 멈추는 동작을 따라 하도록 한다.

여기서 당신이 참자아 에너지의 힘과 긍휼, 그리고 추방자를 최선을 다해 치유하겠다는 의지가 있음을 보호자들에게 상기시키라.

당신이 참자아 상태에 있고 추방자가 당신을 자각하고 있으며 신뢰하고 있다는 것에 확신이 서면 데리고 나오기를 해보겠는지 제안하라.

당신은 이렇게 이야기할 수 있다. "당신이 지금까지 과거 가운데 살고 있었다는 사실을 자각하고 있습니까? 나는 당신이 이 시간과 장소를 떠나 안전한 곳으로 갈 수 있도록 도와줄 수 있습니다. 그렇게 해볼 의사가 있습니까?"

추방자를 데리고 나오는 경험을 다음에 적으라.

추방자 : _____

과거 가운데 있던 곳 : _____

_____

_____

_____

이 추방자와 함께 지나온 프로세스의 단계들

_____추방자 파악하기

_____추방자와의 작업을 허락받기

_____염려하는 부분 분리시키기

_____추방자 알아가기

_____추방자 재양육하기

_____추방자의 짐 내려놓기

당신이 추방자에게 과거에서 빠져나와 현재로 들어가겠느냐고 물었을 때 추방자는 어떤 반응을 보였는가?_____

_____

추방자의 염려사항들 : _____

_____

그 염려사항들을 어떻게 다루었는가?_____

_____

추방자를 편히 데리고 갈 수 있던 곳 : _____

_____

추방자가 가기 편안해했는가?_____

_____

추방자를 어떻게 데리고 나왔는가?_____

_____

추방자는 과거에서 빠져나온 것에 어떻게 반응하였는가?_____

_____

_____

아래 빈칸에 이 프로세스에 대해 구체적으로 느낀 바를 적으라.

_____

_____

_____

_____

_____

보기   **추방자 데리고 나오기**

추방자 : <u>착한 소녀</u>

과거 가운데 있던 곳 : <u>초등학교 2학년 때 전학 간 학교에서 친구들과 다툼</u>

이 추방자와 함께 지나온 프로세스의 단계들 :

___x___ 추방자 파악하기

___x___ 추방자와의 작업을 허락받기

___x___ 염려하는 부분 분리시키기

___x___ 추방자 알아가기

___x___ 추방자 재양육하기

_____ 추방자의 짐 내려놓기

당신이 추방자에게 과거에서 빠져나와 현재로 들어가겠느냐고 물었을 때 추방자는 어떤

반응을 보였는가? <u>그 아이는 현재로 들어가는 것을 행복해하였다.</u>

추방자를 어떻게 데리고 나왔는가? <u>그 장면으로 걸어 들어가 그 아이의 손을 잡고 나와 함께 현재로 걸어갔다.</u>

추방자를 편히 데리고 갈 수 있던 곳 : <u>우리가 함께 뛰어 놀 수 있는 내 현재 삶 가운데 나와 함께 있는 것</u>

추방자가 가기 편안해했는가? <u>그 아이는 기뻐하며 따라왔다.</u>

추방자는 과거에서 빠져나온 것에 어떻게 반응하였는가? <u>그 아이는 자유와 안전감을 느꼈다.</u>

추방자의 짐 내려놓기

일단 추방자가 가지고 있는 고통의 근원인 어릴 적 기억에 접근하고 목격한 다음 재양육하고 데리고 나왔다면 그다음 중요한 단계는 짐 내려놓기다. 이것은 치유의 내면 의식이라 할 수 있다.

제14장에서 언급한 대로 짐은 극단적인 느낌, 기억, 에너지 또는 어떤 한 부분이 어릴 적 외상, 특정한 사건, 관계 혹은 고통스러운 상황의 결과로서 떠맡게 된 자신이나 세상에 대한 신념이다. 짐은 그 부분에 원래 속한 것이 아니므로 내려놓을 수 있다.

짐 내려놓기를 위해 추방자를 준비시키기

당신이 지금까지 목격해온 상황과 관련된 짐(들)을 명확하게 파악하였다면 추방자에게 이렇게 질문하라. "당신이 지금까지 짊어지고 온 짐을 포기하거나 내려놓고 싶습니까?" 모든 부정성을 제거

할 수 있는 기회에 그 부분이 뛸 듯이 기뻐할 수도 있고 혼란스러워하거나 주저할 수도 있다(아래 내용 참조).

짐 내려놓기 프로세스

추방자가 준비가 되었을 때 몸 안이나 몸 위 어느 부위에 짐을 짊어지고 있는지 물어보라. 추방자는 이것을 느낄 수도 있고 볼 수도 있으며 둘 다 가능할 수도 있다. 예를 들면, 그 부분은 짐을 가슴 안에 있는 검은 덩어리, 속 쓰림, 혹은 온몸 전체에 혐오스러운 느낌으로 경험할 수도 있다.

자신의 짐을 어디에 내려놓고 싶은지 추방자에게 물어보라. 짐은 자연 원소(natural element) 중 하나에게 내려놓을 수 있다. 빛에 증발시키거나, 물로 씻거나, 바람에 날려 보내거나, 흙에 묻거나, 불에 태우거나, 어떤 방법이라도 가능하다. 혹은 하나님, 예수, 모하메드, 천사 같은 영적인 존재에게 짐을 내려놓고 싶어 할 수도 있다. 지금까지 붙들고 있던 것을 내려놓도록 만드는 어떤 이미지라도 무방하다.

추방자가 자신이 원하는 방식으로 짐을 내려놓을 수 있도록 상황을 조정할 수 있게 도우라. 이 프로세스에 충분한 시간을 확보하라. 짐을 내려놓으면서 짐이 추방자의 몸을 떠나는 느낌을 갖게 될 것이다. 언제 끝나는지 이야기해달라고 하거나 프로세스 과정 중에 체크해볼 수 있다. 시간은 충분함을 확인시키라. 만약 이번에 모든 것을 내려놓을 수 없다면 다음번에, 혹은 사건이 생길 때면 더 많은 것을 내려놓을 수 있다고 알려주라. 그의 몸을 체크하고 추방자가 짊어지고 있지 않은 짐이 있다면 그것도 내려놓을 필요가 있는지 알아보라.

긍정적인 품성

일단 짐을 내려놓으면 추방자는 저절로 존재 중심에 있는 참된 모습에 가깝게 된다. 일단 짐이 사라지면 어떤 긍정적인 품성이나 감정들이 그 부분 안에서 모습을 드러내는지 감지하라. 짐을 내려놓은 부분들은 종종 기쁨, 힘, 활발함, 자유, 사랑 등의 품성을 느끼게 된다. 그 부분에게 이런 질문을 던지는 것이 좋다. "어떤 품성을 받아들이면 미래에 도움이 될 수 있다고 생각하십니까?" 각각의 품성이 떠오를 때마다 그 부분으로 하여금 시간을 갖고 독립적으로 들이마시도록 하라. 그 부분에게 그 특정한 품성이 주입되는 것을 느끼도록 충분한 시간을 주고 이러한 경험들을 충분히 즐기라고 권유하라. 진행되는 동안 그 품성들이 당신의 몸 안에서 어떻게 표출되는지 느껴보라.

이제 그 부분은 어떤 것을 하고 싶어 하는가

어린 부분들은 종종 나가 뛰어놀거나 자신들이 자유롭게 지낼 수 있는 곳에 있고 싶어 한다. 어떤 부분들은 당신의 심장, 머리 혹은 배 같은 몸의 특정 부분 안에 머물고 싶어 한다. 한동안 휴식을 취하고 나서 나중에 마음의 결정을 하고자 하는 부분들도 있다. 치유를 향하여 한 발짝 나아가는 것이라면 어느 것이든 괜찮다.

짐 내려놓기를 주저하기

추방자가 짐 내려놓기에 저항하는 가장 흔한 이유는 다음과 같다.

- 추방자가 짐 내려놓기의 개념의 의미가 무엇인지 이해하지 못할 수 있다.

  대응 : 기억, 감정, 고통, 신념과 혼동은 과거에서 온 것임을 설명해준다. 그것들은 그 부분의 본래 모습이 아니다. 단지 그 부분이 붙들고 있는 것일 뿐이다. 따라서 그것들을 내려놓고 떠나보낼 수 있다.

- 그 부분은 짐이 없어지고 난 후의 자신의 모습에 대해 정체성을 염려하고 있을 수 있다.

  대응 : 적절한 때에 그 상황을 다룰 수 있도록 도와주겠다고 확신시켜준다. 그 부분은 자신의 모습을 자유로이 선택할 수 있게 된다.

- 추방자가 짐을 내려놓는 것을 주저하거나 무서워할 수 있다.

  대응 : 그 부분에게 다음과 같이 물어보라. "이 짐에 애착을 갖고 있는 이유가 무엇입니까?" 혹은 "이 짐을 내려놓으면 어떤 일이 일어날까 봐 두려워합니까?" 추방자가 자신의 두려움을 다룰 수 있도록 도와준다.

- 추방자가 짐 내려놓기 준비가 되지 않았다는 느낌을 받으면 다른 것을 먼저 한다. 예를 들면, 좀 더 목격하기, 참자아를 좀 더 신뢰하기, 충분히 재양육하기, 데리고 나오기 등이 있다. 또 다른 부분이 짐을 내려놓기 원하지 않을 수도 있다.

  대응 : 먼저 해야 할 것이 무엇인지 파악하고 문제가 모두 해결될 때까지 추방자와 하나씩 작업하라. 그 부분이 완전히 준비되기 전까지는 짐 내려놓기를 진행하지 말라.

- 때로는 추방자가 짐의 일부만을 내려놓으려 할 수도 있다.

  대응 : 당신은 추방자에게 짐의 (전부가 아니라) 일부만을 내려놓게 할 수 있다. 그리하여 일부만 짐 내려놓기를 진행하고 나중 회기에 나머지 짐의 문제로 돌아올 수 있다.

짐 내려놓기는 치유를 향한 긴 여정의 마지막 단계에 불과하다. 그 단계에 도달하기까지의 모든 전 단계도 똑같이 중요한 것이다.

연습 추방자의 짐 내려놓기

이제 추방자의 짐 내려놓기로 들어간다. 바로 전 연습에서 다루었던 것이든지 지금까지의 단계를 거쳐온 것이든지 잘 알고 있는 추방자와 작업하고 싶을 것이다. 짐 내려놓기는 보통 추방자를 데리고 나온 후에 행해지지만 반드시 그럴 필요는 없다. 원래 상황에서 조금이라도 옮겨졌으면 추방자가 그 자리에 머물기로 결정했다고 하더라도, 추방자의 짐을 내려놓을 수 있다.

추방자와 접촉하기 전에 당신이 참자아 상태에 있는지 그리고 보호자들이 당신이 곁에 있음을 인지하고 있는지 재확인하라.

몇 번의 심호흡을 하고 백색광이나 색깔 있는 빛으로 당신 주위를 둘러싸도록 한다. 이 빛을 당신의 정수리를 통해 들여보내 평화, 명료함, 긍휼, 혹은 그 밖의 참자아 성품들을 몸 전체에 채우도록 한다.

심호흡을 하고 당신이 여전히 보호자로부터 허락을 얻은 상태인지 확인하라. 그리고 추방자와 접촉하라.

추방자에게 짐 내려놓기에 대한 이야기를 꺼내라. 이렇게 이야기할 수 있다. "당신이 짊어지고 있는 짐을 벗을 수 있도록 도와드릴까요? 당신은 과거로부터 온 그 모든 나쁜 감정, 기억, 부정적 사고, 고통, 혼동을 내려놓을 수 있습니다. 그렇게 하고 싶습니까?"

추방자가 갖고 있을지 모르는 일말의 주저함도 극복할 수 있도록 도우라.

추방자의 짐 내려놓기 경험을 아래에 적어 넣으라.

추방자 : ＿＿＿＿＿＿＿＿＿＿＿＿＿＿＿＿＿＿＿＿＿＿＿＿＿＿＿＿

어릴 적에 일어난 사건 : ＿＿＿＿＿＿＿＿＿＿＿＿＿＿＿＿＿＿＿＿

＿＿＿＿＿＿＿＿＿＿＿＿＿＿＿＿＿＿＿＿＿＿＿＿＿＿＿＿＿＿＿＿

＿＿＿＿＿＿＿＿＿＿＿＿＿＿＿＿＿＿＿＿＿＿＿＿＿＿＿＿＿＿＿＿

그 사건이 추방자에게 어떤 느낌을 가져다주었는가?＿＿＿＿＿＿＿＿＿

＿＿＿＿＿＿＿＿＿＿＿＿＿＿＿＿＿＿＿＿＿＿＿＿＿＿＿＿＿＿＿＿

추방자에게 제공한 재양육 형태 : _____

만약 추방자를 데리고 나온 경우라면, 데리고 간 장소 : _____

추방자가 짊어지고 있는 짐 : _____

짐 내려놓기에 대해 추방자가 갖고 있는 염려사항 : _____

그 염려사항을 다루었던 방식 : _____

추방자는 몸 어느 곳에 짐을 짊어지고 있는가?_____

그 짐을 내려놓은 원소, 영적인 인물, 혹은 그 밖의 장소나 물건 : _____

드러난 긍정적인 품성 : _____

그 부분이 머무르고 싶어 했던 곳 : _____

아래 빈칸에 이 프로세스에 대해 구체적으로 느낀 바를 적으라.

_____

_____

_____

보기   **추방자의 짐 내려놓기**

추방자 : <u>착한 소녀</u>

어릴 적에 일어난 사건 : <u>전학 간 학교에서 친구들에게 거부당함</u>

그 사건이 추방자에게 어떤 느낌을 가져다주었는가? <u>외로움, 거부당한 느낌, 마치 자신에게</u>
   <u>무언가 잘못된 것이 있는 듯한 느낌</u>

추방자에게 제공한 재양육 형태 : <u>참자아가 들어가 그녀의 친구가 되어 줌</u>

만약 추방자를 데리고 나온 경우라면, 데리고 간 장소 : <u>집으로 데리고 감</u>

추방자가 짊어지고 있는 짐 : <u>이상하게 여기고 받아들이지 않는 느낌. 학교에서 친구들에게 거부</u>
   <u>당하고 새로운 교사들에게 지지받지 못함</u>

짐 내려놓기에 대해 추방자가 갖고 있는 염려사항 : <u>내가 과연 자기(추방자)의 친구가 될 것인</u>
   <u>지 확인하고 싶어 함</u>

그 염려사항을 다루었던 방식 : <u>내가 그녀(추방자)의 친구가 될 거라는 확신을 심어주었다.</u>

추방자는 몸 어느 곳에 짐을 짊어지고 있는가? : <u>어깨, 구부정한 자세, 고통을 피하기 위해 웅</u>
   <u>크린 가슴, 발바닥을 바닥에 대고 걷지 못함</u>

그 짐을 내려놓은 원소, 영적인 인물, 혹은 그 밖의 장소나 물건 : <u>숲으로 가서 큰 구덩이를</u>
   <u>파고 짐을 묻은 다음 계곡 물로 자신을 씻음. 그러고 나서 인디언처럼 그 구덩이 주위를 돌면서</u>
   <u>춤을 추었음</u>

드러난 긍정적인 품성 : <u>활발함, 자발성, 호기심</u>

그 부분이 머무르고 싶어 했던 곳 : <u>나와 함께 집에 있는 것</u>

제18장

통합과 보호자의 짐 내려놓기

일단 추방자의 짐을 내려놓으면 당신의 나머지 내면 시스템, 특히 이 추방자의 감정들을 막아왔던 보호자들과도 이 작업을 진행하여 통합시키는 것이 중요하다. 보호자들은 지금까지 진행된 작업을 이미 자각하고 있을 수도 있고, 그렇지 못할 수도 있다.

보호자 체크해보기

당신이 지금까지 추방자와 진행한 작업을 자각하고 있는지 각각의 보호자를 체크해보라. 하나 이상의 보호자들을 변화된 추방자에게 인사시켜보라.

만약 보호자에게 쉽사리 접근할 수 없다면 나오라고 요청하라. 지금까지 진행된 작업에 대해 어떤 느낌이 드는지 보호자에게 물어보라. 보호자가 자신의 보호적인 역할이 더 이상 필요치 않다는 사실을 이제 깨닫게 되었는지 체크하라.

보호자가 자신의 역할을 포기하게 될까 봐 염려한다

- 보호자가 여전히 다른 추방자들을 보호하고 있다면 자신의 역할을 어떤 식으로든 유지할 필요가 있을 수 있다.

대응 : 이 경우에는 당신이 다른 모든 추방자들의 짐을 내려놓은 후에야 보호자가 자신의 역할을 완전히 내려놓게 된다. 현재 추방자에게 있었던 변화 때문에 보호자의 생각이 달라질 수 있는 점이 있었는지 체크해보라. 만약 그렇다면 보호자로 하여금 관점의 변화들을 명료하게 설명할 수 있도록 하라.

- 보호자가 자신의 역할을 내려놓을 준비가 되어 있지 않을 수 있다.

대응 : 보호자에게 이같이 물어보라. "역할을 포기하거나 임무를 중단한다면 어떤 일이 일어날까 봐 두렵습니까?" 이러한 질문은 보호자가 갖고 있는 다른 두려움이나 보호자와 양극화를 이루고 있는 다른 추방자들이나 보호자를 드러나게 할 수 있다. 참자아 상태에서 이 부분들과 작업하라.

- 보호자는 이러한 추방자의 변화가 오래 지속되지 못할 것을 두려워할 수도 있다.

대응 : 당신(참자아)이 필요하면 곁에서 추방자를 돌보겠다고 이야기해주라.

보호자들의 짐 내려놓기

보호자들도 짐이 있다. 비록 그 짐이 추방자의 짐과는 같지 않을지라도. 추방자의 짐은 고통인 반면, 보호자의 짐은 자신의 보호적인 역할이다. 그 역할이 본래부터 보호자에게 있었던 것은 아니다. 보호자가 당신에게 커다란 위험이 닥칠 것으로 인지하였기 때문에 그 짐을 떠맡게 되었다. 일단 그 위험이 더 이상 존재하지 않으면 이 보호적인 역할의 짐은 내려놓을 수 있다.

때로는 이러한 깨달음이 보호자로 하여금 자발적으로 짐을 내려놓게 만든다. 보호자는 자유로이 새로운 역할을 떠맡고 쉽게 자신이 바라는 존재가 될 수 있다.

때로는 보호자가 짐 내려놓기 프로세스를 거치고 싶어 한다. 이 경우 보호하는 역할 그 자체가 짐이다. 보호자는 당신 인생의 특정한 시기에 그 극단적인 역할을 떠맡았다. 보호자는 이러한 역사를 기억이나 신념, 혼동 그리고 동일시(identification) 현상으로 간직하고 있다. 보호자를 자신의 역할에서 해방되도록 하기 위해서는 당신이 추방자의 짐 내려놓기에 사용하였던 프로세스와 동일한 과정을 보호자가 거치도록 한다(제17장 참조).

어떤 경우에는 보호자가 극단적인 역할을 떠맡은 때의 어릴 적 기억에 접근할 필요가 있을 수 있다. 이 기억들은 추방자에 대한 기억과 같을 수도 있고 같지 않을 수도 있다. 보호자의 어릴 적 기억이 참자아에 의해 목격되고 난 후에야 그 짐을 내려놓을 수 있게 된다.

새로운 품성

추방자와 마찬가지로 보호자의 짐을 내려놓은 후에 다음과 같은 긍정적인 품성이 자연스럽게 드러날 수 있다. "나는 무언가 해낼 수 있고, 강하며, 자유롭고, 긍휼의 마음이 느껴진다." 당신은 보호자에게 이렇게 물을 수 있다. "어떤 품성을 받아들이면 미래에 도움이 될 수 있다고 생각하십니까?" 보호자에게 충분한 시간을 주고 한 번에 한 품성씩 받아들이게 한다. 각각의 품성이 동화되는 동안 호흡을 부드럽게 진행한다.

새로운 역할

보호자가 짐 내려놓기 의식을 하든, 하지 않든 당신의 정신세계에서 새로운 역할을 선택할 수 있음을 알려주라. 이것은 보호자에게 특히 중요하다. 그의 새로운 역할은 그가 가지고 있던 역할의 비극단적 유형일 수도 있고, 자신의 과거 역할의 정반대일 수도 있으며, 완전히 다른 것일 수도 있다. 보호자는 추방자와 새로운 관계를 수립하고 싶어 할 수도 있다. 만약 새로운 역할이 다른 부분들과도 관련되어 있다면, 그들이 보호자의 변화에 대해 어떤 느낌을 갖고 있는지 체크해보라.

다른 부분들 체크하기

일단 보호자 및 추방자와의 작업이 종료되면 지금까지 진행한 작업에 대해 감정과 염려사항을 가지고 있는 부분들이 있는지 물어보라. 예를 들어, 작업을 통해 사랑, 자발성, 혹은 힘이 시스템 내로 들어오면 그것으로 위협받는 부분들이 있을 수 있다. 그들이 갖고 있는 두려움이 불필요한 것이라고 확신시켜주거나 다음번에 그들과 작업할 계획을 세우라.

때로는 행해진 작업을 신뢰하지 않거나 오래가지 않을 거라고 두려워하며 의심하는 부분들이 등장할 수 있다. 이 부분들의 이야기를 들어주고 수용해주라. 그들은 당신에게서 (혹은 다른 부분들 중에서) 무언가를 필요로 할 수 있다. 혹은 그들을 초대하여 오랜 시간에 걸쳐 어떤 일이 일어나는지 지켜보라고 할 수 있다.

확인 작업

모든 작업을 끝낸 후에는 보호자를 활성화시키는 원래의 시작점에서 그 결과를 확인해보는 것이 좋다. 예를 들어, 만약 원래의 보호자가 권위적인 인물에 비위를 맞추고자 하는 부분이었다면, 현재의 삶에서 권위적인 인물과 자신이 함께 있는 상황을 머릿속에 그려보는 것도 괜찮다. 그리고 어떤 부분들이(만약 있다면) 활성화되는지 감지하라. 이것으로 추방자와 보호자가 정말로 짐을 내려놓았는지, 혹시나 다른 부분들이 이 상황에 반응하고 있지는 않은지 가늠할 수 있게 된다. 이 확인 작업은 실제 삶의 상황에 직면할 수 있도록 준비시켜줌과 동시에, 추가적으로 어떤 작업을 할 필요가 있는지를 말해주게 된다.

후속 조치

짐을 내려놓은 부분들, 특히 추방자들이 어떻게 지내는지 알아보기 위해 정기적으로 체크해보는 것도 좋다. 어떤 부분과의 작업을 종료할 때 그 부분은 당신이 추후 방문할 것인지 확인하고 싶어 할 수도 있다. 그 부분이 정기적으로 접촉하고 싶어 할 수도 있고 자유로이 지낼 수 있는 시간을 허락해주기를 바랄 수도 있다. 그 부분이 어떤 것을 좋아하는지 물어보고 당신이 한 약속을 어떻게 지킬 것인지 계획을 세우도록 한다.

연습 　보호자 해방시키기

이제 짐을 내려놓은 추방자와 연결되었던 보호자와 작업하기로 한다. 되돌아가 짐을 내려놓은 추방자의 보호자에 초점을 맞추는 시점에서 시작하라.

　시간을 내어 참자아 에너지를 활성화시킨다. 등을 곧추세우고 앉아 손을 가슴 위에 얹고 심호흡을 하면서 어떤 소리를 읊조린다. OM(옴 : 신비의 소리)은 심장을 울리는 훌륭한 소리다. '흐음'이나 여러 가지 모음 소리는 서로 다른 에너지의 혈을 자극하는 것으로 알려져 있다. 실험을 해보고 오늘은 어떤 것이 중심을 잡도록 해주는지 알아보라.

　참자아 상태에 도달했다는 느낌이 들면 보호자에게 주의력을 모으라. 이 순간에 보호자에 대해 어떤 느낌이 드는가? 그 부분과 작업을 시작한 이후로 많이 변했는가? 그 부분이 당신은 누구인지 알고 있는가 확인하라. 이렇게 물어볼 수 있다. "당신이 보호하고 있는 추방자에게 어떤 일이 일어났는지 눈여겨보고 있었지요? 당신의 역할이 바뀌어야 할 것처럼 보입니까? 당신도 짐을 내려놓고 싶습니까?"

보호자를 해방시키는 경험을 아래에 적으라.

보호자 : _____

보호자의 역할 : _____

추방자의 짐 : _____

보호자가 이제 자신의 역할을 내려놓을 준비가 되었는가?_____

그렇지 않다면 그 이유는 무엇인가?

  _____다른 추방자들을 보호하고 있다.

  _____자신의 역할을 내려놓기 두려워한다.

  _____변화가 오래 지속되지 않을까 봐 두려워한다.

  _____또 다른 염려사항_____

짐 내려놓기 프로세스 진행 중에도 편한 느낌을 갖도록 보호자의 염려사항을 어떻게 도울 것인가?

_____

보호자의 짐을 내려놓을 때 보호자는 자신의 짐을 어디에 내려놓고 싶어 하는가?

_____

보호자가 받아들이고 싶어 하는 품성 가운데 어떤 것이 앞으로 가장 도움이 될 것 같은가?

_____

_____

보호자는 어떤 새로운 역할을 맡고 싶어 하는가?_____

이러한 변화를 불편해하는 부분들이 있는가?_____

_____

그들의 염려사항은 무엇인가?_____

_____

당신은 그들을 어떻게 안심시켰는가?_____

_____

원래의 상황으로 되돌아와 당신이 다시 그곳에 있는 모습을 머릿속에 그리면 어떤 느낌이 드는가?

_____

_____

활성화되는 부분들이 있었는가?_____

_____

추가적인 작업이 필요한가?_____

_____

_____

_____

_____

_____

보기　　**보호자 해방시키기**

보호자 1 : 화난 방어자

보호자의 역할 : 사람들을 밀쳐냄으로써 작은 소녀가 다시 상처받고 거부당하지 않도록 지키는 것

추방자의 짐 : 어릴 적 친구들과 교사에 의해 거부당함

보호자가 이제 자신의 역할을 내려놓을 준비가 되었는가? 그렇다. 작은 소녀가 참자아와 함께
　　나가 놀고 싶어 한다. 짐 내려놓기를 할 필요를 느끼지 않는다.

보호자 2 : 내면비판자

보호자의 역할 : 다른 사람들부터 비난받을 가능성을 줄이기 위해 자신을 비난함으로써 작은 소녀를
　　안전하게 지키는 것

보호자가 이제 자신의 역할을 내려놓을 준비가 되었는가? 아니다.

그렇지 않다면 그 이유는 무엇인가? 자신의 역할을 내려놓는 것을 두려워한다. 그녀를 보호하기
　　위해 비난하는 것 말고 어떤 일을 해야 할지 모른다고 한다.

짐 내려놓기 프로세스 진행 중에도 편한 느낌을 갖도록 보호자의 염려사항을 어떻게 도울 것인가? <u>그녀가 옛 역할을 내려놓는다 하더라도 새로운 역할을 맡을 수 있다고 이야기해주었다.</u>

보호자의 짐을 내려놓을 때 보호자는 자신의 짐을 어디에 내려놓고 싶어 하는가? <u>불</u>

보호자가 받아들이고 싶어 하는 품성 가운데 어떤 것이 앞으로 가장 도움이 될 것 같은가? <u>너그러움, 근심걱정 없음, 평화로움</u>

보호자는 어떤 새로운 역할을 맡고 싶어 하는가? <u>작은 소녀가 최선의 자기 모습이 될 수 있도록 지원하는 것</u>

이러한 변화를 불편해하는 부분들이 있는가? <u>아니다.</u>

원래의 상황으로 되돌아와 당신이 다시 그곳에 있는 모습을 머릿속에 그리면 어떤 느낌이 드는가? <u>가장 친한 친구와 함께 학교생활을 해나가는 모습을 머릿속에 그리고 만족스러운 인간관계를 유지하는 나의 능력에 큰 차이가 생겼구나 깨닫고 있다.</u>

연습　**보호자에 대한 후속 관리**

보호적인 역할을 내려놓은 보호자를 선택하라. 보호자가 활성화될 수 있을 것으로 예상될 때마다 주중에 체크하도록 한다.

준비 : 그러한 상황에서 자각에 도움이 될 수 있도록 다음의 질문에 답하라.

어떤 상황이나 사람들이 이 보호자를 활성화시키는 경향을 보이는가?

_____

_____

다음 주 언제쯤 이런 일이 일어날 가능성이 있는가?_____

_____

어떤 신체 감각, 생각, 행동 혹은 감정이 이 보호자가 활성화되었다는 사실을 알려주는가?

_____

_____

숙제

보호자가 보통 활성화되던 상황에서 지금도 활성화되는지 감지하라. 활성화되지 않는다면 과거와 달리 어떤 느낌을 가지며 행동하는지 감지할 수 있는가?

날짜	상황	생각	신체경험	감정	행동

당신이 성취한 변화를 음미하라. 당신의 성공을 어떻게 자축하고 싶은가?_____

_____

_____

보호자가 활성화된다면 어떤 것이 보호자를 활성화시켰고, 보호자가 두려워하는 것이 어떤 것인지 체크하라._____

_____

_____

_____

　이 보호자의 변화를 공고히 하기 위해 앞으로의 회기에서 어떤 추가 작업이 필요한지 알 수 있도록 추적하라.

제19장

회기 종결하기

한 회기를 끝낼 때 지금까지 작업했던 모든 부분들과 존중의 마음으로 인사를 하는 것이 좋다.

1. 당신에게 자신의 이야기를 들려준 표적 부분에게 감사하라. 만약 그 부분과의 작업이 끝나지 않았다면 나중에 되돌아오겠다고 알려주라. 만약 그 부분과 작업을 끝냈다면 작업 중에 그 부분과 맺은 약속을 재확인하라.

2. 만약 보호자와 작업하였고 당신이 추방자와 작업할 수 있도록 보호자가 허락하였다면 보호자에게 감사하라. 그리고 당신이 추방자와 한 작업에 대해 어떻게 느끼는지 알아보라.

3. 당신이 작업할 수 있도록 비켜섰던 염려하는 부분들에게 감사하라. 당신이 했던 작업을 보았는지, 그리고 그것이 염려하는 부분들에게 어떤 영향을 끼쳤는지 체크하라.

종료하기 전에 혹시라도 무언가 이야기하고 싶어 하는 부분들이 있는지 알아보라. 그들에게 감사하며 시간을 갖고 그들의 염려사항들을 해소시켜주라.

제20장

파트너와 작업하기

파트너 작업의 중요성

워크북을 최대한으로 활용하기 위해서는 정기적으로 IFS를 연습하기를 권한다. 각 장마다 기본적인 개념과 그 개념을 피부로 느낄 수 있도록 해주는 연습을 통해 당신의 정신세계와 삶이 연결된다. 대부분의 사람들에게 있어서 파트너와 작업하는 것이 가장 효과적인 방법이다. 두 사람이 돌아가며 목격자와 촉진자가 되면서 자신에 대해 작업한다. 아무리 IFS 방법이 강력하다 할지라도 당신 안에 있는 깊은 고통을 개방하는 것이 쉽지는 않다. 누군가 곁에 있어 당신을 목격하면서 당신의 상처받고 방어적인 부분에 대해 안아주는 환경을 제공해준다면 전체적인 탐색이 호기심을 더하게 만들어준다. 잠자코 있는 목격자라도 존재와 지지를 제공해주기 때문에 대부분의 사람들에게 매우 도움이 된다.

파트너 작업이란 어떤 것인가

탐색을 시작하기 전에 작업하는 동안 어떻게 촉진을 해주면 좋겠는지 파트너와 논의하라. 이 프로세스가 당신의 첫 경험이라면 우선 말 없는 목격자 역을 맡기를 권한다. 천천히 IFS 프로세스와 파트너 관계에 익숙해지면서 보다 더 적극적으로 목격하며 결국에는 부드럽고 유연하게 촉진할 수 있게 된다.

탐색자

당신이 탐색자일 때는 회기를 맡아 일어나는 모든 사건에 대해 책임을 진다. 이것이 심리치료와 다른 점이다. 심리치료에서는 치료사가 작업에 대해 더 많은 책임을 지고 있다. 당신이 동료 상담에서 친구와 작업하고 있을 때는 친구가 당신에게 도움이 될 수는 있으나 IFS 치료에 대해서는 당신보다 더 많이 알지 못할 수도 있다. 그러므로 그가 치료사처럼 회기 중에 일어나는 사건에 대해 책임을 질 수는 없다. 회기 운영이 얼마나 효과적인가는 오로지 당신에게 달려 있다. 프로세스를 얼마나 빨리 혹은 얼마나 느리게 끌고 나갈 것인가, 어떤 문제를 얼마나 깊이 탐색할 것인가를 판단하는 것은 당신 몫이다. 회기 중에 어떤 일이 일어나는가, 그리고 IFS 순서에서 어디쯤와 있는가를 추적하는 일을 맡은 것은 **당신**이다. 어떤 부분을 탐색할 것인가 그리고 당신 정신세계 안의 고통스럽고 상처 입기 쉬운 장소로 얼마나 깊이 들어갈 것인가를 선택할 책임이 당신에게 있다. 경청자가 해야 할 중요한 역할이 있기는 하지만 당신이 주인공인 것이다.

경청자 역할

제1단계 : 말 없는 목격자

당신의 임무는 가능한 한 참자아 상태를 유지하는 것이다. 시작하기 전에 얼마 동안의 시간을 갖고 중심을 잡은 다음 안정을 찾으라. 앉아 있는 의자가 당신을 받쳐주고 있는 것을 느끼라. 한동안 당신의 숨을 따라가라. 그리고 활성화된 부분이 있다면 당신과 거리를 좀 두어달라고 요청하라.

파트너가 탐색하는 동안 그가 도움을 청하지 않는 한 말하지 말라. 이렇게 함으로써 탐색자의 자기가 회기를 맡아 책임지고 있다는 생각이 공고해진다. 이것은 또한 탐색자 자기 자신에 대해 작업하는 방법을 배울 수 있게 해준다. 그리고 당신은 일어나는 사건에 대한 책임감으로부터 해방되나 매 회기 후에 탐색자에게 피드백을 줄 수 있는 기회를 갖는다.

파트너가 탐색하는 동안 당신에게는 어떤 부분들이 등장하는지 기억하라. 각각의 부분을 부드럽게 인정하고 파트너와 충분히 함께 있을 수 있도록 당신과 거리를 두어달라고 요청하라.

제2단계 : 적극적으로 목격하기

당신이 적극적인 목격자 역할을 하고 있는 경우에는 적절한 순간이나 잠깐 쉬는 동안에 혹은 파트너가 교착 상태에 빠진 듯이 보일 때, 부드러운 제안을 해줄 수 있다. 당신의 제안을 받아들이느냐, 아니냐를 결정하는 것은 탐색자에게 달려 있다. 파트너가 더 나아가지 못하거나 길을 잃었다면 어떻게 진행하는가를 알아내는 것은 탐색자의 몫임을 기억하라. 이것은 탐색자가 진행하는 프로세스의 일부이기 때문이다. 그가 한동안 혼란스러워할 수도 있지만 헤쳐나와야 한다. 당신이 옳다고 여기는 방식으로 도울 수는 있으나 탐색자를 고치거나 고통을 제거하거나 그를 난국에서 구출해내야 할 의무는 없다. 적극적인 목격자는 자신의 제안이 도움이 될 수 있을지 체크해보거나, 관찰하거나 ― 허락을 받고 ― 진행되고 있는 작업에 대한 호기심을 표현할 수 있다. 해결방안을 찾거나 조언하지 말라. 프로세스를 지원하고 그것을 통해 펼쳐지는 사건들을 신뢰하라.

제3단계 : 진행 촉진

당신과 파트너가 준비되었다고 생각하면 당신이 좀 더 적극적으로 파트너의 탐색을 촉진할 것인지 여부를 논의하라. 각자 생각해보고 자기 페이스에 따라 결정하라. 둘 중의 한 사람이 다른 사람보다 먼저 준비가 될 수 있다. 이렇게 되면 당신은 적극적인 역할을 맡기 전에 프로세스에 편히 적응할 수 있는 자유를 얻게 된다. 당신은 처음부터 무슨 말을 해야 할까 하는 부담을 떠맡지 않으면서 도움을 줄 수 있는 법을 천천히 배우게 된다. 비록 당신이 한마디 하지 않더라도 곁에 있어 주의를 기울여주고 있다는 사실이 탐색자의 프로세스에 매우 도움이 된다는 것을 기억하라.

진행 촉진 방법

파트너가 자신을 탐색하도록 촉진시켜주는 몇 가지 방법을 제시한다. 조견표(부록 A 참조)를 따라가며 탐색자가 어느 단계에 와 있는지를 추적하는 것이라든지, 등장했던 그리고 관련 있었던 부분들에 대해 기록하는 것도 종종 도움이 된다.

- 탐색자(혹은 그의 부분)가 어떤 느낌을 갖고 있는지 살펴보라.
- 염려하는 부분이 방해하고 있으나 탐색자가 그것을 깨닫지 못하고 있는 듯이 보일 때는 언급하라.
- 탐색자가 표적 부분과 섞여 있으나 그것을 깨닫지 못하고 있는 듯이 보일 때는 언급하라.

- 부분에게 던지면 좋겠다고 생각하는 질문을 제안하라. "그 부분에게 이렇게 물어보실 수도 있습니다."라고 표현하는 것이 효과적이다. 이렇게 하면 당신의 제안을 받아들이지 않을 수도 있는 여유를 탐색자에게 주는 것이다.
- 탐색자가 다음에 어떤 단계로 진행할지를 제안하라. 이것은 앞의 경우처럼 부분에게 물어보는 질문 형식이 될 수도 있다. 혹은 단계를 명시적으로 언급할 수도 있다. 예를 들면, "지금은 재양육할 시간이 아닌가 싶습니다."와 같다.
- 부분이 다음에 일어날 사건에 영향을 주는 경우, 그것이 추방자인지, 보호자인지를 분명히 하라. 예를 들면, "추방자와 작업하기 전에 보호자를 더 잘 알아가야 하지 않을까요?"라고 질문할 수 있다.
- 탐색자가 자기도 모르는 사이에 새로운 부분으로 옮겨간 것처럼 보이면 지적하라.
- 탐색자가 여러 염려하는 부분들과 작업하는 경우 적절할 때 다시 초점을 맞출 수 있도록 원래 표적 부분을 추적하라.
- 회기 종료 시에 일일이 감사를 표할 수 있도록 비켜섰던 보호자들과 염려하는 부분들을 추적하라.

작업하고 있는 탐색자가 회기를 맡아 이끌고 있음을 기억하라. 당신이 진행을 직접적으로 촉진시킬 필요는 없다. 단지 도움이 될 만하다고 생각될 때 몇 마디 해주라.

탐색자 : 당신이 회기를 맡아 이끌고 있음을 기억하라. 파트너의 제안을 수용해야 한다는 압박감을 갖지 말라.

피드백

파트너와 작업할 때는 탐색자가 작업을 끝낸 후에 파트너가 피드백을 해주는 것이 도움이 된다. 탐색자가 작업한 내용에 대해서만 피드백을 할 필요는 없다. 특히 IFS 프로세스에 초점을 맞추라.

이 과정에서 상처를 입기 쉽다. 따라서 섬세하고 지지적인 피드백을 해주는 것이 중요하다. 당신과 파트너가 함께 작업을 시작하기 전에 자신들이 선호하는 피드백에 대해 대화를 나누는 것이 중요하다. 두 사람 각각이 피드백을 요청할 권리도 있고 제한할 권리도 있다. 피드백의 유형이 두 사람 모두에게 꼭 같아야 할 필요는 없다.

여기 몇 가지 방법을 제시한다.

- 탐색자의 작업에 대한 개인적인 반응은 그것이 부정적이거나 상처를 줄 수 있는 가능성이 있지 않는 한 어떤 것이라도 이야기할 수 있다. 활성화되었던 당신의 부분들에 대해 이야기하는 것이 가장 좋다.
- 그 작업으로 인해 받은 감동을 이야기하거나 그 밖의 긍정적인 반응을 보이도록 한다.
- 탐색자가 작업하고 있던 것과 유사한 문제를 갖고 있다는 식으로 언급한다. 당신의 문제를 이야기할 때는 상대방을 배려하라. 탐색자가 경험을 프로세스할 필요가 있다면 계속해서 탐색자에게 초점을 맞추어야겠지만 초점을 옮길 기회가 된다면 보다 충분한 경험을 할 수 있다.
- 탐색자에게 작업에 대한 이해를 넓힐 수 있도록 질문한다. 그의 작업에서 당신의 호기심을 자극한 지점을 기록해둔다.
- 탐색자가 IFS 프로세스에서 건너뛴 단계가 있으면 그 단계를 언급해준다.
- 참자아와 섞여 있다고 생각되는 부분이 있으면 그 부분을 언급해준다.
- 활성화된 것으로 보이는데 탐색자가 감지하지 못한 부분이 있으면 그 부분을 언급해준다.

판단하는 자세로 피드백을 하지 않도록 주의하라.

만약 탐색자가 판단적인 피드백을 받았다는 느낌을 갖게 되면 앞으로 또다시 이런 일이 일어나지 않도록 솔직하게 이야기하는 것이 좋다. 탐색자에게 얼마 동안의 시간을 주어 당신의 피드백에 반응하는 부분이 등장했는지 여부를 탐색해보게 하라.

지금은 조언을 해주는 시간이 아니다. 경청자로서의 당신의 역할은 탐색자의 프로세스를 지원하는 것뿐만 아니라, 부분들과 정직하게 작업하는 것이 명료함을 가져다주기 때문에 결국 보다 더 풍성한 삶을 살 수 있게 해준다는 사실을 신뢰하는 것이다.

진행 중인 파트너 관계

매 회기를 시작하기 전에 탐색자가 원하는 촉진은 어느 정도이며 어떤 식의 촉진을 원하는지 충분히 이해하도록 하라. 매 단계를 이끌어주며 질문도 제안해주기를 원하는가? 탐색자 스스로 이끌어가며 도움이 필요할 때만 파트너가 개입하기를 원하는가? 이것은 회기마다 바뀔 수 있다. 따라서 매번 체크하여야 한다. 재협상할 필요가 있거나 무언가 제대로 작동되고 있지 않으면 회기 중에라도 재검토하도록 한다.

만약 누군가와 정기적으로 작업하고 있다면 두 사람 사이에 일어나고 있는 현상이 당신의 작업을 방해할 수도 있기 때문에 어떤 것이라도 주의를 기울이라. 그 문제를 파트너와 의논하며 당신 안의 부분들이 갖고 있는 감정들에 대해 이야기하면서 해결해나가도록 하라. 파트너 관계를 통해 보람 있는 탐색이 이루어진다. 어떤 문제라도 먼저 숨기지 않고 털어놓아, 당신이 그 문제를 둘러싸고 있는 부분들을 세밀히 파악하고 싶어 한다는 사실을 파트너에게 알리도록 하라.

❶ 부부가 보호자 입장에서 관계함

❷ 추방자가 상대방 보호자에 의해 활성화됨

❸ 부부가 자신의 부분들에 대해 호기심을 가짐

❹ 부부가 참자아 상태에 있음

부부를 대상으로 한 IFS

Marla Silverman, PhD

지금까지 배운 당신 자신의 내면 시스템이 부부관계에서 어떻게 펼쳐지는지 본다.

누구나 자신의 이야기를 들어주기를 바라며 자신의 욕구가 충족되기를 바란다. 당신도 그렇고 배우자도 그렇다. 이것은 우리 모두 두려움 아래 가장 밑바닥에 자리잡고 있는 욕구인 것이다.

우리는 관계 속으로 들어갈 때 우리를 돌보고 보호하며 마음속에 우리가 궁극적으로 잘되기를 바라는 누군가와 가까워질 거라는 희망을 갖는다. 우리는 염원하는 것이 충족되고 내면의 어린아이들이 양육되며 추방자가 치유되기를 바란다.

당신의 필요, 희망, 염원이 배우자의 그것과 충돌할 때 어떤 일이 일어나는지 보자. 마음이 상하고, 화가 나며, 실망하고, 상처를 입었을 때 어떤 일이 일어나는가? 배우자가 당신의 보호자가 둔감하다고 느낄 때 어떤 일이 일어나는가? 혹은 배우자가 그럴 때 당신에게는 어떤 일이 일어나는가?

배우자와의 상호작용에서 힘든 점

우리는 교착상태에 빠질 때 종종 다음과 같은 모습을 보인다.

1. 둔감하고 무신경한 배우자의 행동을 내게 상처 주는 것으로 해석한다.

2. 상처받고 화가 난다.

3. 우리의 보호자들이 활성화된다. 예를 들면 우리가 추적하거나 물러서든지, 설명하거나 요구하든지, 비난하거나 창피를 주든지 한다.

4. 우리의 배우자가 공격을 받으며, 주목받지 못하고, 충족되지 못하며, 오해받거나 버려진 느낌을 갖는다.

5. 우리의 배우자의 보호자들이 마음의 상처를 경감시키기 위해 활성화된다.

6. 우리가 느끼는 좌절감과 불행, 그리고 무망감이 배우자에게 전달된다.

우리가 참자아 상태에 있을 때는 창의력을 비롯해서 배우자와 우리 자신을 배려하는 능력이 발휘될 수 있다. 신념과 자동적 반응이라는 과거 패턴이 되살아나는 대신에 다음과 같은 것을 할 수 있다.

- 내면적으로 귀를 기울이며 활성화된 부분들 — 보호자들과 그들이 보호하는 상처 입은 추방자 — 의 이야기를 들을 수 있다.
- 보호자들의 충성심과 헌신에 감사할 수 있다.
- 우리의 추방자들에게 자비(긍휼한 마음)를 보낼 수 있다.
- 참자아가 이끄는 상태에서 우리의 추방자들을 보호할 수 있다.
- 배우자에게 내면에서 어떤 것을 경험하고 있는지 알려줌으로써 이 부분들을 대변할 수 있다.

우리가 요구와 비난의 자동적 반응을 탈피할 때 배우자는 우리를 더 안전한 존재로 경험하기 시작한다. 다른 사람들이 우리를 안전하다고 느낄 때 그들은 참자아 상태를 유지할 수 있게 된다. 이것이 진정으로 참자아와 참자아가 접촉하는 순간들이다. 이 같은 상태에 있을 때 우리는 상호이해와 존중, 긍휼, 우정과 열린 마음을 갖게 된다.

부부는 종종 자신들이 꼭 같은 싸움을 계속해서 반복하고 있음을 보게 된다. 그들은 자신들의 감정 혹은 활성화된 부분들을 자각하지 못하고 있다. 부부 중의 한 사람 안에 있는 어떤 부분이 반복적으로 상대방의 익숙한 부분들을 자극한다. 이 대화를 추적하고 어떤 감정이 경험되고 있으며 어떤 부분들이 등장하고 있는지 살펴보도록 한다.

부부사례 1 : 반복적인 대화

한 부부의 반복적인 대화의 예다.

크리스 : 오늘도 직장에서 힘들었어.

테리 : 응, 나도 그랬어.

크리스 : 당신은 내 직장에 대해 도대체 물어보질 않는군. 내게 문제가 생겼다고.

테리 : 당신은 항상 당신 일에 대해서 이야기하잖아. 어제 저녁에도 밤새도록 당신 상사에 대해 불평을 늘어놓았었어.

크리스 : 그래, 이야기했지. 하지만 당신은 정말로 귀 기울여 듣지 않았어.

테리 : 30분 정도는 들어줬잖아.

크리스 : 듣는 척한 거겠지. 당신은 털끝만 한 관심도 없어 보였어.

테리 : 당신 맘에 들 만큼 할 수는 없어. 도저히 불가능해.

크리스 : 당신은 지나치게 무감각해. 당신 자신만 생각하잖아.

테리 : 당신은 도저히 못 말려. 당신에게 이야기를 못하겠어.

크리스 : 이야기가 잘 안 되면 꼭 저런 식으로 빠져나간다니까.

반복적인 대화 추적하기

당신 배우자와의 대화에 대해 생각해보라. 내 이야기를 들어주지 않는다는 느낌과 좌절감을 가져다주는 반복적인 대화에서 헤어나오지 못하는 나 자신을 발견하게 된다. 다음의 빈칸에 이 같은 대화를 적어보라.

나 :

배우자 :

나 :

배우자 :

나 :

배우자 :

나 :

배우자 :

나 :

배우자 :

나 :

부부사례 2 : 대화 중의 감정

여기서 크리스와 테리가 대화 중에 경험하는 감정들을 살펴보기로 한다.

크리스의 언어적 표현	크리스의 감정
오늘도 직장에서 정말로 힘들었어.	상처받기 쉽고 직장에서 무언가 부족한 느낌과 그 사실이 드러나는 것이 두려움. 확신이 필요함

테리의 언어적 표현	테리의 감정
응, 나도 그랬어.	나의 욕구와 문제는 중요하지 않나? 무시당하는 느낌. 내게는 문제가 없나? 크리스는 항상 직장 일에 대해 불평하는데 나도 내 문제가 있음

크리스의 언어적 표현	크리스의 감정
당신은 내 직장 일에 대해 도대체 물어보질 않는군. 내게 문제가 생겼다고.	돌봄을 받고 있지 못하는 외로운 느낌

테리의 언어적 표현	테리의 감정
당신은 항상 당신 일에 대해서 이야기하잖아. 어제 저녁에도 밤새도록 당신 상사에 대해 불평을 늘어놓았어.	어제 저녁에 내가 얼마나 지지해주려고 애썼는데 몰라주니 상처받음

크리스의 언어적 표현	크리스의 감정
그래, 이야기했지. 하지만 당신은 정말로 귀 기울여 듣지 않았어.	내가 필요로 하는 지지를 테리가 제공해 주지 않아 상처받은 느낌

		테리의 언어적 표현	테리의 감정
		30분 정도는 들어줬잖아.	방어적임. 알아주거나 고마워해주지 않는다는 느낌

크리스의 언어적 표현	크리스의 감정
듣는 척한 거겠지. 당신은 털끝만 한 관심도 없어 보였어.	화가 나며 방어적임

		테리의 언어적 표현	테리의 감정
		당신 맘에 들 만큼 할 수는 없어. 도저히 불가능해.	크리스에 대한 판단. 크리스를 행복하게 해주지 못해 부족한 느낌

크리스의 언어적 표현	크리스의 감정
당신은 지나치게 무감각해. 당신 자신만 생각하잖아.	판단받는 느낌. 보호적임

		테리의 언어적 표현	테리의 감정
		당신은 도저히 못 말려. 당신에게 이야기를 못하겠어.	부족한 느낌. 외로움. 어찌할 바를 모름

크리스의 언어적 표현	크리스의 감정
이야기가 잘 안되면 꼭 저런 식으로 빠져나간다니까.	화가 남. 버려진 느낌

| 연습 | 대화 중에 감정을 추적하기 |

141~143쪽에 있는 워크시트를 사용하여 반복적인 대화 중에 등장하는 감정들을 적어넣으라. 잠깐 시간을 내어 대화 중에 들었던 느낌에 대해 되돌아보라. 파트너와 작업을 하고 있다면, 함께 적어넣도록 한다. 혼자서 작업하고 있다면, 상대편이 어떻게 느낄 것인지 생각해보라. 당신이 긍휼의 마음을 가진 참자아 상태인지 살펴보라. 당신의 감정을 얼마나 잘 알고 있는가? 파트너의 감정과 반응 촉발점, 그리고 부분들에 대해 어떤 것이 이해되는가? 두 사람의 반응 저변에는 어떤 것이 자리잡고 있는가?

| 보기 | 부부사례 3 : 대화 중에 감정을 품은 부분들 |

우리의 부분들은 감정을 품고 있다. 크리스와 테리의 대화 중에 활성화되었을 것으로 보이는 부분들을 열거하였다. 이미 배운 바와 같이 모든 부분들은 우리를 향해 긍정적인 의도를 가지고 있다. 활성화된 부분들이 갖고 있는 의도를 탐색해보기로 한다.

크리스의 언어적 표현	크리스의 감정	부분이 원하는 것
오늘도 직장에서 힘들었어.	상처받기 쉽고 직장에서 무언가 부족한 느낌과 그 사실이 드러나는 것이 두려움. 확신이 필요함 **활성화된 부분** : 불안한 부분	크리스 자신이 괜찮다는 확신과 돌봄을 받고 싶음

테리의 언어적 표현	테리의 감정	부분이 원하는 것
응, 나도 그랬어.	내게는 문제가 없나? 크리스는 항상 직장 일에 대해 불평하는데 나도 내 문제가 있음 **활성화된 부분** : 내가 원하는 것을 요청할 수 없다고 느끼는 보이지 않는 부분	나도 역시 문제가 있다는 신호를 보내고 싶음. 나의 필요(욕구)를 돌보지 않음으로 인하여 생기는 공허한 느낌을 차단하고 싶음

크리스의 언어적 표현	크리스의 감정	부분이 원하는 것
당신은 내 직장에 대해 도대체 물어보질 않는군. 내게 문제가 생겼다고.	돌봄을 받고 있지 못하는 외로운 느낌 **활성화된 부분**: 버려진 아이	이야기를 들어주었으면 좋겠고 돌봄을 받고 싶음

테리의 언어적 표현	테리의 감정	부분이 원하는 것
당신은 항상 당신 일에 대해서 이야기하잖아. 어제 저녁에도 밤새도록 당신 상사에 대해 불평을 늘어놓았었어.	돌봄을 받고 있지 못하는 외로운 느낌 **활성화된 부분**: 인정받지 못하는 아이	자신이 기울인 노력에 대해 어느 정도 인정과 감사를 받고 싶음

크리스의 언어적 표현	크리스의 감정	부분이 원하는 것
그래, 이야기했지. 하지만 당신은 정말로 귀 기울여 듣지 않았어.	내가 필요로 하는 지지를 테리가 제공해주지 않아 상처받은 느낌 **활성화된 부분**: 상처 입은 아이	상처받은 느낌을 알아주기를 바람

테리의 언어적 표현	테리의 감정	부분이 원하는 것
30분 정도는 들어줬잖아.	방어적임. 알아주거나 고마워해주지 않는다는 느낌 **활성화된 부분**: 보호적인 부분	인정해주기를 바람

크리스의 언어적 표현	크리스의 감정	부분이 원하는 것
듣는 척한 거겠지. 당신은 털끝만 한 관심도 없어 보였어.	화가 나며 방어적임 **활성화된 부분**: 화가 난 보호자	하찮게 여김을 당하거나 상처받지 않기를 바람

테리의 언어적 표현	테리의 감정	부분이 원하는 것
당신 맘에 들 만큼 할 수는 없어. 도저히 불가능해.	크리스에 대한 판단. 크리스를 행복하게 해주지 못해 부족한 느낌 **활성화된 부분** : 화가 난 보호자	부족한 느낌이 들지 않기를 바람

크리스의 언어적 표현	크리스의 감정	부분이 원하는 것
당신은 지나치게 무감각해. 당신 자신만 생각하잖아.	판단받는 느낌. 보호적임 **활성화된 부분** : 화가 난 보호자	상처 입은 부분들을 위해 안전벽을 쌓고 싶어 함

테리의 언어적 표현	테리의 감정	부분이 원하는 것
당신은 도저히 못 말려. 당신에게 이야기를 못하겠어.	부족한 느낌. 외로움. 어찌할 바를 모름 **활성화된 부분** : 화가 난 보호자	부족하고 외롭고 어찌할 바를 모르는 부분들을 보호하고 싶어 함

크리스의 언어적 표현	크리스의 감정	부분이 원하는 것
이야기가 잘 안 되면 꼭 저런 식으로 빠져나간다니까.	화가 남. 버려진 느낌 **활성화된 부분** : 화가 난 보호자	버려진 아이를 보호하고 싶어 함

연습 **감정을 품고 있는 부분들을 추적하기**

138쪽에서 설명한 대로 다음의 워크시트를 사용하여 반복적인 대화 중에 솟아오르는 감정을 적어 넣으라(136~137쪽 보기 참조).

그런 다음, 대화 가운데 활성화된 부분들을 탐색하라. 각 부분들이 갖고 있는 긍정적인 의도는 무엇인가? 각 부분이 당신을 위해 바라는 것이 무엇인지 물어보라. "내가 바라는 것이 있다면 어떤 것일까?"라는 질문을 반복함으로써 당신이 프로세스의 각 단계를 통과하여 각 부분의 긍정적인 의도의 핵심에 근접할 수 있게 된다.

그다음, 앞에서와 같이 배우자의 경험을 느낄 수 있는지 보고 그 부분들이 배우자를 위해서 원하는 것이 무엇인지 머릿속에 그려보라.

나의 언어적 표현	나의 감정	부분이 원하는 것
	활성화된 부분 :	

배우자의 언어적 표현	배우자의 감정	부분이 원하는 것
	활성화된 부분 :	

나의 언어적 표현	나의 감정	부분이 원하는 것
	활성화된 부분 :	

배우자의 언어적 표현	배우자의 감정	부분이 원하는 것
	활성화된 부분 :	

나의 언어적 표현	나의 감정	부분이 원하는 것
	활성화된 부분 :	

배우자의 언어적 표현	배우자의 감정	부분이 원하는 것
	활성화된 부분 :	

나의 언어적 표현	나의 감정	부분이 원하는 것
	활성화된 부분 :	

배우자의 언어적 표현	배우자의 감정	부분이 원하는 것
	활성화된 부분 :	

나의 언어적 표현	나의 감정	부분이 원하는 것
	활성화된 부분 :	

배우자의 언어적 표현	배우자의 감정	부분이 원하는 것
	활성화된 부분 :	

나의 언어적 표현	나의 감정	부분이 원하는 것
	활성화된 부분 :	

당신의 반응적 행동과 활성화된 부분들을 탐색하였고, 시간을 내어 배우자의 행동과 활성화된 부분을 느껴보고 머릿속에 그려보았으므로 이제 한 걸음 뒤로 물러나 더 큰 그림을 보는 경험을 해보라.

- 각자가 안전감을 얻으려고 애쓰고 있다는 사실
- 각자가 스스로를 보호하려 애쓸 때 서로에게 상처를 주고 있다는 사실
- 각자가 반응적일 때 상대방을 당신의 안전과 행복의 장애물로 보고 있다는 사실
- 각자가 자기 자신을 봐주고, 들어주고, 이해해주며, 돌봐주기를 원하고 있다는 사실
- 각자의 상처받기 쉬운 추방자 부분들이 참자아로부터 양육받을 필요가 있다는 사실

이 더 큰 참자아의 안정감을 경험하면서 당신 자신 및 배우자에 대한 긍휼의 마음과 인간적인 것이 어떤 것인지를 이해할 수 있게 된다.

이렇게 할 수 있을 때 당신은 배우자에게 접근하여 당신이 처해 있는 어려움을 함께 이야기할 수 있는 기회를 얻게 된다.

천천히 진행하고 둘 중의 한 사람이 활성화되어 참자아가 이끄는 침착한 상태로 되돌아갈 수 없다면 중단하도록 하라.

아마도 한동안 상호작용의 어려움을 경험하였을 것이다. 따라서 한번에 조금씩 인내와 존중의 마음으로 천천히 진행함으로써 서두르는 것보다 빠르게 그리고 확실하게 당신은 건강한 관계 수립이라는 목표에 도달할 수 있게 된다.

이것이 두 사람이 염원하고 있는 신뢰구축 작업이다.

우리는 모두 일정한 속도로 성장하지 않는다. 만약 배우자가 자신에 대해 작업할 준비가 되어 있지 않다면 재촉하지 말라. 배우자가 어느 지점에서 교착 상태에 빠져 있는지 보고, 당신 자신의 상처와 상처받은 부분들을 양육함으로써 동일한 고통으로 빠져들지 않게 될 것이다. 역동이 일어나기 위해서는 관계 속에 있는 두 사람이 필요하지만, 그 역동을 변화시키는 데는 한 사람만이

필요할 뿐이다. 배우자가 이 순간에 당신이 원하는 것을 줄 수 없다는 사실을 이해하고 (반드시 흔쾌히는 아니더라도) 받아들일 수 있을 때 당신은 일단 뒤로 물러난 다음 나중에 다시 시도해볼 수 있다.

당신이 성장하며 당신 자신과 배우자에 대한 신뢰가 쌓이면서 인내와 긍휼의 마음이 커지기를 바란다.

제22장

양극화된 부분과의 작업[1]

두 부분이 서로 갈등 상태에 있고 각 부분이 상대 부분의 극단적인 감정이나 행동에 대응하기 위해서 극단적으로 될 필요가 있다고 생각한다면 두 부분은 양극화되어 있는 것이다. 이 두 부분은 자신들이 동의하지 않는 특정한 행동이나 결정에 대해 종종 대립하고 있다. 이것은 두 부분이 단지 반대되거나 서로 갈등 상태에 있는 것, 그 이상이다. 부분들이 양극화되어 있을 때는 다른 부분이 하고 있는 바, 혹은 다른 부분이 하리라고 믿는 바를 넘어서기 위하여 각 부분이 지금의 방식대로 행동하는 것이다. 비록 두 부분이 반대 입장이라 할지라도 각 부분이 행동이나 결정이나 감정에 대해 다른 부분과 싸우고 있지 않는 한 양극화 상태에 있다고 할 수 없다. 한 부분이 싸움에 관여하지 않고 있으면 양극화가 아니다. 마치 동맹군처럼. 양극화의 한쪽에 부분이 하나 이상 있을 수 있다.

양극화에 대한 작업을 할 때는 양측의 부분(들)에 관심을 갖고 알아가야 한다. 때로 자신과 대척점을 이루는 부분이 그 역할을 내려놓기 전까지 보호자 부분은 자신의 극단적인 역할을 내려놓지 못한다. 만약 둘 다 이런 식으로 생각한다면 당신은 이 둘을 동시에 작업해야 한다. 딕 슈워츠는 돛단배를 예로 들면서, 서로 반대되는 부분은 배의 각각 한쪽으로 몸을 내밀고 있는 선원과 같다고 설명한다. 두 사람은 자신이 약간이라도 느슨해지면 배가 반대편으로 뒤집힐 거라고 두려

---

[1] 이 프로세스에 대한 자세한 설명은 제이 얼리가 지은 *Resolving Inner Conflict* 참조

워하는 상태라는 것이다. 참자아는 부분들과 작업하여 그들이 서로 친해질 수 있도록 도와주어야 한다.

두 부분이 양극화되어 있을 때는 한 부분이 한동안 장악하고, 다른 부분은 포기한다. 이것이 몇 시간, 며칠 혹은 몇 년을 갈 수 있다. 때로는 이것들이 서로 바뀌어 다른 부분이 장악할 수도 있다.

양극화된 두 부분이 극단적인 상태일지라도 대부분 당신에게 없어서는 안 될 에너지나 성품을 갖고 있다. 단지 그것을 비극단적인 상태로 유지할 필요가 있는 것이다. 그러므로 당신은 각각의 부분이 가지고 있는 긍정적인 에너지를 없애버리거나 축소시킬 필요가 없다. 부분들 간에 마지못한 타협, 혹은 순전히 지적인 협상에 이은 타결을 시도하라는 것이 아니다. 목표는 부분들로 하여금 서로 상대방의 강점과 선한 의도를 인정하고 협력하는 법을 배우도록 하는 것이다. 이렇게 함으로써 더 많은 창의력과 힘이 길러지고 부분들 양측 모두에게 만족스러운, 혁신적인 갈등 해법을 가져다준다.

전형적으로 양극화된 부분들

음식절제 부분 대 폭식 부분

작업감독자 부분 대 미루는 부분

분노 대 착한 아이

의존적인 부분 혹은 병합된 부분 대 거리를 두는 부분

당신에게 있는 양극화된 두 부분을 적으라.

부분 A : _____ 부분 B : _____

(내가 이래야 될까? 저래야 될까? 한 가지 행동을 선택하기 위해 갈등함)

양극화된 상태가 아닌 부분들

수영선수 – 독서가

예술가 – 엄마

근로자 – 운동선수

당신에게 있는 양극화된 상태가 아닌 두 부분을 적으라.

부분 A : _____ 부분 B : _____

(나는 이것도 할 수 있고, 저것도 할 수 있다. 대체로 역량이나 역할을 뜻함)

관리자와 소방관

양극화 현상을 좀 더 분명하게 이해하기 위해서는 관리자와 소방관이라는 두 종류의 보호자가 있다는 사실을 인식할 필요가 있다. 관리자는 보다 더 전략적이고 조직적이며 합리적인 부분들이다. 이것은 우리가 기능하도록 일상생활에서 작동하고 있는 우리의 부분들이다. 이것의 역할은 우리의 삶 가운데 외관상의 질서와 규칙성을 유지하는 것에서부터 탁월한 성취를 이룩하도록 역량을 키우는 것에 이르기까지 광범위하다. 관리자들은 추방자의 고통이 절대로 뚫고 나오지 못하도록 우리의 삶과 정신세계를 조율하고자 애쓴다. 관리자의 예는 다음과 같다. 성취자, 판사, 내면비판자, 부모, 아들, 딸, 가정주부, 착한 아이, 친구 등이 그것이다.

소방관은 응급 상황에서 작동하는 시스템과 비슷하다. 이것은 충동적이고 자발적이며 비합리적이고 반응적이며 때로는 성급하다. 소방관은 자신의 행위의 결과를 진지하게 생각해보지 않고 어떤 상황에 반응한다. 소방관은 자신이 보호하고 있는 추방자가 표면으로 뚫고 나오려는 위험이 느껴질 때 촉발된다. 소방관은 추방자가 활성화된 직후에 당신이 고통을 느끼지 못하도록 하기 위해 혹은 의식으로부터 추방하기 위해 충동적으로 반응한다. 당신은 고통이 뚫고 나오기 시작하는 것을 깨닫지 못할 수도 있다. 단지 소방관의 반응만을 감지하게 된다.

관리자는 선제적이고 소방관은 반응적이다. 만약 관리자가 어른이고 추방자가 아이라면, 소방관은 추방자의 고통의 불을 끄려고 충동적으로 반응하는 10대다.

전형적인 소방관은 약물, 술, 격노, 스릴을 좇거나 섹스, 폭식, 쇼핑, 도박, 독서, TV 시청 등에 중독된 행동을 보이는 부분이다. 소방관은 또한 두통, 산만, 해리 혹은 졸음과 같이, 감각을 마비시키거나 혹은 몽롱하게 만드는 부분의 형태를 취하기도 한다.

소방관은 때로는 관리자보다 말수도 적고 협상하기도 힘들다. 당신은 소방관의 신뢰를 얻기 위해 많은 시간을 그냥 같이 있어야 할 수도 있다. 소방관이 저항을 하는 경우 당신에게 반응하도록, 혹은 이야기해달라고 재촉하지 말라. 단지 소방관과 함께 있으라. 그러면 시간이 지남에 따라 당신을 신뢰하기 시작하며 서서히 자신을 드러낼 것이다.

참자아 상태로 소방관을 대하는 것이 훨씬 힘들 수 있다. 소방관은 때로는 파괴적이며 의사소통이 어렵기 때문이다. 소방관이 당신을 보호하려 한다는 사실을 인정하기 힘든 이유가 여기에 있다. 그는 자기가 참을 수 없는 고통을 비껴가기 위해 필요하다고 생각하는 바를 행하고 있다는 사실을 기억하라.

관리자는 합리성에 반응한다. 당신은 보통 관리자의 상황과 추방자를 보호하기 위한 전략에 대해 관리자와 이야기할 수 있다. 그리고 당신은 도움과 치유를 위한 계획에 대해 그와 협상할 수 있는 가능성이 있다. 반면에 소방관은 희망에 반응한다. 일단 소방관이 왜 그러한 역할을 하고 있는지 이해했다면 그 부분이 취할 수 있는 새로운 역할에 대해 다음과 같은 질문을 던져보라. "당신(소방관)이 이러한 역할을 할 필요가 없도록 우리가 추방자를 치유할 수 있다면 당신은 어떤 일을 하고 싶은가요?" 이것은 소방관에게 꼼짝 못하고 갇혀 있는 자신의 역할을 내려놓을 수 있다는 희망을 주게 된다. 그때서야 비로소 소방관은 당신에게 추방자와 작업할 수 있도록 허락할 것이다.

양극화 유형

소방관과 관리자는 종종 서로 양극화되어 있다. 소방관의 활동이 위험하고 자기 파괴적이기 때문에 관리자는 종종 소방관을 판단하는 태도를 취하며, 그를 저지하거나 그의 행동을 제한하려 애쓴다. 소방관은 흥분과 강렬함 쪽으로 향하고 관리자는 통제와 질서를 향하는 경향을 보인다. 당신은 이 부분들이 보호하고 있는 추방자와 접촉해도 좋다는 허락을 얻기 전에 이 양극화에 대한 작업을 할 필요가 있다. 양극화는 또한 두 관리자 사이에, 두 소방관 사이에, 혹은 추방자를 둘러싼 관리자나 소방관 사이에 일어날 수 있다.

양극화를 인식할 수 있는 대표적인 상황

- **시작점** : 시작점을 탐색할 때 종종 그 상황에 반대되거나 상충되는 반응을 보이게 되는 것을 깨닫는 경우다.

  예 : 당신이 친구와 싸우고는 반응을 보이게 된 시작점에 활동하였던 부분들을 탐색하고 있다. 한 부분은 화가 나서 친구가 질투심을 느낄 수 있도록 행동하고 싶어 한다. 또 다른 부분은 나쁜 놈으로 보이는 행동으로 인해 판단당할까 봐 두려워한다. 그 부분은 화해하는 쪽으로 행동하고 싶어 한다. 이 부분들은 당신이 어떻게 반응해야 할지에 대해 끝없는 싸움을

하고 있는 듯이 보인다.

- **보호자의 두려움** : 보호자가 자신의 역할을 하지 않는다면 어떤 일이 일어날까 봐 두려워하
는지 물을 때 때로는 자신이 보호하고 있는 추방자가 아니라 양극화된 부분의 행동을 두려
워하고 있다고 대답할 수도 있다.

  예 : 당신이 투자를 고려하고 있다. 당신에게는 원금을 잃을 수 있음을 계속해서 경고하는
보호자가 있다. 그 보호자의 역할에 대해 물어보면 당신이 나쁜 사람들에게 속아 넘어갈까
봐 두렵다고 이야기한다. 좀 더 깊이 탐색해보면 당신에게는 다른 사람들에게 도전하며 대
립적인 질문을 던지기 두려워하는 '남을 기쁘게 하는 부분'이 있음을 발견한다. 이 부분들은
서로 대항하고 있다.

- **저항성을 보이는 염려하는 부분** : 어떤 부분을 알아가려고 하는데 염려하는 부분이 참자아 상
태를 유지하는 것을 방해한다면 염려하는 부분이 표적 부분과 양극화되어 있는 것이다.

  예 : 당신이 어떤 프로젝트를 진행하려고 애쓰면서 계속해서 다른 일을 하고 있다. 당신은
당신의 미루는 부분에 대해 흥미를 느끼고 탐색을 시작한다. 당신에게 매우 판단적인 염려
하는 부분이 있어 그 부분을 게으르다고 하면서, 비켜서지 않으며 미루는 부분을 알아갈 기
회를 주지 않으려 한다. 이것은 흔히 미루는 부분과 양극화된 작업감독자 부분이다.

- **관리자 대 소방관 양극화** : 소방관의 행위는 파괴적일 수 있기 때문에 관리자는 소방관을 저
지하거나 제한하려 한다.

  예 : 스트레스가 쌓이는 상황, 이를테면 실직으로 인해 촉발된 소방관은 도망가거나 술 마시
며 떠들고 싶어 할 수 있다. 만약 소방관이 그런 행동을 하면 내면 통제자는 소방관을 저지
하거나 제한하려 하든지 창피를 주며 비난하려 한다.

- **내면의 전쟁** : 만약 당신이 참자아 상태에 있으며 파괴적이라 생각하는 부분과 싸우고 있다
면 이것은 실제로 양극화다. 참자아는 부분과 싸우려 하지 않는다. 따라서 아마도 '파괴적
인' 부분과 양극화된 부분이 있을 것이다.

  예 : 당신에게 주어진 업무량 때문에 당신의 부분이 화가 나서 상사에게 불평을 하고 싶어
한다. 당신은 그것을 저지하려는 생각 때문에 참자아가 활동하고 있다고 생각한다. 하지만
어떤 이야기를 하더라도 화난 부분이 더욱 공고해지거나 악화된다. 당신이 참자아 상태에
있는 것이 아니라 무서워하는 부분이나 착한 아이 부분과 섞여 있기 때문일 수도 있는 것이다.

양극화에 대한 작업 순서

1. 양극화된 부분들을 파악한다

[보기]

	부분 A	부분 B
부분의 이름	작업감독자	미루는 부분
당신 몸에서 어떻게 느껴지는가?	힘차고, 초점을 맞추고, 팔과 배가 근질근질함	긴장하며 위축되고 지쳐 있음
어떤 모습인가?	밀고 나아가는 제설차	발목에 모래주머니 달고 있는 아이
어떤 이야기를 하는가?	갑시다! 움직입시다! 할 일이 많습니다! 일합시다. 미적거릴 시간이 없습니다.	나중에 하는 것이 더 쉬울 거야. 스스로를 들볶지 말아. 그게 마땅히 해야 할 일인지 확인해봐. 당신이 할 수 없다면, 혹은 정말 하고 싶지 않다면 어떻게 할 거야?

2. 각 부분을 분리시켜 참자아 상태에 있도록 한다

두 부분을 의식하거나 앞에 두고 바라본다. 손을 허벅지에 내려놓고 손바닥을 위로 향하도록 앉는다. 양손에 양극화된 두 부분을 쥐고 있다고 머릿속에 그려본다. 몇 번 심호흡을 하고 당신의 몸, 즉 부분들이 아닌 바로 당신 안에 한 장소를 찾으라.

제5장에서와 같이 두 부분을 따로따로 분리시킨다. 당신이 관심을 가지고 그 부분을 알아가려 한다는 사실을 알려준다. 그리고 당신에게 얼마간의 공간을 허락해달라고 요청한다. 염려하는 부분들이 방해하고 있는지 체크한다.

[보기]

	작업감독자	미루는 부분
분리될 용의가 있는가?	예	아니요
분리되는 것에 대한 염려	아니요	힘을 잃을까 봐 두려워함
등장하는 염려 부분들		재촉 당할까 봐 두려워함

3. 각 부분의 역할, 긍정적인 의도, 다른 부분과의 갈등을 명료화시킨다

P2~P5단계를 사용하여 한 번에 한 부분과 작업한다. 제7장에 설명한 순서를 따라 보호자를 알아 간다. 그 부분을 알아가면서 양극화된 부분을 향해 어떤 느낌이 드는지 그리고 그 부분이 가지고 있는 사연을 알아본다.

부분 A를 알아가고 있는 동안 만약 부분 B가 위협을 느끼면 뛰어들어 프로세스를 중단시킬 수도 있다. 이런 일이 발생할 때는 다시 협상을 하여 당신이 계속 진행할 수 있도록 당신을 신뢰할 것인지 확인한다. 만약 신뢰하지 못한다면 당신은 먼저 부분 B와 작업해야 한다.

[보기]

	작업감독자	미루는 부분
당신 시스템 안에서의 역할	계속 전진하여 목표를 성취하도록 함. 일을 마무리 지음. 새로운 일을 시도함	불편한 감정, 위험부담, 노출, 위험, 성장을 회피함
당신을 위한 긍정적인 의도	인정받기 위함, 역량과 성취에 대한 자신감, 자기만족, 자긍심. 세상에서 성공하기 위함	압도당하지 않기 위함. 편안함과 안전감을 갖기 위함
다른 부분과의 갈등	미루는 부분이 항상 내게는 방해가 된다. 나를 혼미하게 만들고, 지치게 하며, 깜빡 잊어버리게 만든다. 모든 것을 힘들게 만든다.	작업감독자는 계속해서 내 뒤를 쫓고 있다. 나는 긴장을 늦추고 내 페이스대로 하려고 한다. 늘 두려운 가운데 하고 싶지 않은 일을 재촉당하고 있다.
두려움	아무것도 끝내지 못하거나 새로운 일을 시도하지 못할 것이다. 내 생계를 유지하지 못할 것이다. 아무것도 성취하지 못하고 인정받지 못할 것이다.	위험한 일에 노출되고 싶지 않다. 버려지거나 상처 입거나 거부당하는 것이 두렵다.

4. 각 부분과 신뢰관계를 발전시킨다

부분으로 하여금 당신이 참자아 상태에 있다는 것을 느끼고 기꺼이 당신과 작업하려는 마음이 생길 수 있도록, 제6장에서와 같이 작업하라. 그 부분이 왜 지금과 같은 일을 하고 있는지 이해하며 당신을 위한 그런 노력에 감사하고 있다는 사실을 알려주라. 어떤 작은 불신이라도 남김없이 작업하라.

[보기]

	작업감독자	미루는 부분
신뢰할 수 있기 위해 부분이 참자아에게 필요로 하는 것	자기 이야기를 들어주고 자신의 목표가 가치 있고 중요하다는 것을 알아주는 것	인내하며 자신의 염려사항을 이해해 주는 것

5. 추방자에 대해 작업할 것인지, 갈등해소 작업을 할 것인지 결정한다

일단 양극화된 부분과 연결되면 갈등 상황을 해소하고 부분들 간의 협력을 촉진시키기 전에 어떤 방향으로 진행할 것인가를 결정해야 한다.

    a. 한 부분이나 양쪽 부분으로부터 보호받고 있는 추방자의 짐을 내려놓는다. 추방자와의 작업은 제11~17장에 기술된 프로세스를 따르라.
    b. 두 부분 간의 갈등해소 대화를 촉진시킨다.

[보기]

	작업감독자	미루는 부분
부분이 갈등해소 대화를 할 준비가 되었는가?	예	아니요
그렇지 않다면 보호받고 있는 추방자와 작업하고 싶어 하는가?		예
보호받고 있는 추방자		수치를 당한 어린아이

6. 참자아의 안내하에 각 부분이 다른 부분과 대화를 갖도록 각 부분에게 허락을 구한다

갈등을 해소하기 위해 상대방 부분과 기꺼이 대화를 가질 용의가 있는지 각 부분에게 따로따로 물어보라. 만약 어느 한쪽이라도 용의가 없다면 대화 중에 어떤 일이 일어날까 봐 두려워하는지 물어보라. 그리고 당신은 어떤 파괴적인 일도 일어나지 않게 하겠다고 안심시키라. 상대방 부분이 자신을 공격하거나, 당신을 장악하고 위험한 짓을 할까 봐 두려워하는 부분이 종종 있다. 당신이 참자아 상태를 유지하며 상대방 부분이 장악하거나 공격하지 못하도록 하겠다고 설명하라.

갈등해소 대화의 준비

대화는 다음과 같이 이루어질 수 있다.

1. **내적 대화** : 참자아 상태를 유지하면서, 이야기하고 있는 부분들을 머릿속에 그리며 경청한다. 한 부분이 이야기할 때 상대방 부분에 초점을 맞춘다.
2. **외적 대화** : 부분들을 상징하는 방석이나 의자를 마련하고, 한 부분이 소리 내어 이야기할 때 자리를 옮기거나 의식의 초점을 외부 다른 곳으로 옮긴다.
3. **혼합 대화** : 외부 환경을 마련하고 각 부분에 대해 어떤 느낌이 드는지에 따라 소리내지 않고 이 의자에서 저 의자로 옮겨 앉는다.

7. 각 부분은 자신의 입장을 진술한 다음 상대방에 대해 반응한다

비록 이것이 실제 대화는 아니더라도 먼저 양극화된 부분들로 하여금 자신들의 대치되는 입장을 분명히 밝히도록 한다. 이것은 양극화 현상뿐만 아니라 각 부분이 어떻게 반응하며 상대방에게 대응하고 있는지를 분명히 이해할 수 있게 해준다. 그러나 서로 공격하지는 못하도록 한다. 일단 그들이 자신들의 논점을 밝히면 계속해서 그들 사이의 대화를 촉진시키도록 한다.

두 양극화된 부분들이 자신들의 입장을 진술하는 것으로 대화를 시작하면, 각 부분이 당신을 향한 긍정적인 의도를 갖고 있는지 그리고 그들이 앞으로 보호하려고 하는 것은 어떤 것인지 이야기해달라고 요청한다. 이렇게 함으로써 단순히 입장을 견지하는 것 이상의 대화로 나아가기 시작한다.

[보기]

	작업감독자	미루는 부분
기본 입장	내 삶을 전진시켜 가치 있다고 생각하는 것을 성취하고 내 삶을 부요하게 하는 새로운 것들을 시험해보고 싶다.	안전한 느낌을 갖고 싶으며 나를 불안하게 하거나 실패 혹은 당황의 위험에 처하도록 만드는 상황으로 내몰리는 것을 피하고 싶다.
반응	너의 두려움이 나로 하여금 새로운 것들을 시도하지 못하게 붙들고 있다. 그래서 좌절감으로 당신에 대해 분노가 치민다. 내가 무언가를 해보려고 하면 네가 방해한다.	나는 수치심을 가진 어린아이를 보호해왔다. 우리는 이제 그 아이와 어느 정도 치유 작업을 끝냈다. 그 아이는 이제 좀 더 안전한 상태에 있다. 하지만 나의 염려사항을 고려해서 곧바로 마음이 편치 않은 상황으로 달려가거나 너무 많은 짐을 지우지 않겠다는 약속을 당신에게서 받아야겠다.

8. 각 부분은 상대방 부분의 이야기를 경청하고 그에 따라 반응한다(진정한 대화)

그리고 나서 각 부분에게 상대방 부분이 어떤 이야기를 하는지 실제로 경청한 다음 반응하라고 요청하라. 심지어 각 부분에게 상대방 부분이 하는 이야기를 인정하라고 요청할 수도 있다. 그러고 나서 상대방 부분이 중요하게 여기는 사항에 반응하라고 요청하라. 그들이 반드시 합의에 이를 필요는 없다. 단지 경청하고 그에 따라 반응하라. 이렇게 함으로써 진정한 대화가 시작되며 각 부분 안에 있는 참자아(혹은 부분의 건강한 측면)에로의 접근이 가능해진다. 괜찮다면 상대방 부분의 염려사항과 필요를 고려한 해법을 제안해보라고 요청하라.

[보기]

	작업감독자	미루는 부분
대화가 진행되면서 사고의 전환이 이루어지는 것에 유의하라.	당신이 어린아이 부분과 작업을 끝내서 기쁘다. 만약 당신이 합리적으로 의사결정하겠다면 내가 기꺼이 조언해주겠다.	안전한 느낌을 갖고 싶으며 나를 불안하게 하거나 실패 혹은 당황의 위험에 처하도록 만드는 상황으로 내몰리는 것을 피하고 싶다.

9. 양극화의 해소

종종 당신이 취해주었으면 하는 특정한 행동을 놓고 두 부분이 의견을 달리하는 양극화 현상을 해소하는 방법에는 두 가지가 있다. 해법의 하나는 어떤 것을 해야 하는가에 대한 결정이다. 그러나 더 중요한 해법이 있는데, 두 부분이 서로를 인정하고 서로 협력하는 법을 배우는 것이다. 이것이 더 큰 영향력을 가져다준다. 이 부분들 사이의 향후 의사결정과 감정에 영향을 주기 때문이다.

어떤 해법이든지 프로세스가 진행되는 동안 언제라도 갈등이 해소될 수 있다. 때로는 참자아 상태에서 두 부분을 알아가는 것만으로도 해결을 가져다준다. 때로는 대화를 시작하는 것만으로도 해결이 이루어질 수 있다. 이와는 달리 대화가 한참 진행되어도 해결이 이루어지지 않을 수도 있다. 이 경우에는 당신이 참자아 상태로 대화에 참여하여 해법을 찾도록 도와주라. 만약 당신이 외적 대화를 하고 있다면 참자아를 나타내는 제3의 방석이나 의자로 옮겨 앉으라. 당신이 내적 대화를 하고 있다면 참자아 입장에서 이야기하라.

당신은 참자아 상태에서 대화를 면밀히 관찰한 후에, 그들은 보지 못하였지만 양쪽이 합의에 이를 만한 해법을 찾아낼 수도 있다. 이 해법을 제시하고 그들이 모두 합의하는지 보라. 그들이 즉각적으로 합의하지 않더라도 이런 식으로 개입하면 열매 맺는 방향으로 대화를 진전시킬 수 있다. 반대 부분이 자신의 극단적인 입장을 내려놓도록 만든다면 그 부분도 극단적인 입장을 내려놓겠는지 알아보며 각 부분과 협상할 수도 있다.

[보기]

	작업감독자	미루는 부분
해법	나는 우리가 성장하여 부유한 삶을 살기를 원한다는 사실을 알았으면 좋겠다. 우리는 이제 다 컸고 지지를 받고 있으며 우리의 은사를 다양하게 사용할 수 있다. 나는 당신이 가져다주는 어린아이 같은 기쁨이 마음에 든다. 그리고 당신과 작업하고 싶다.	나는 너의 지지를 느끼고 있고 당신이 보다 더 외부세계에 연결되어 있으며 우리를 대신해 더 큰 비전을 가지고 있다는 사실을 인정한다. 나의 조언에 동의해주어 고맙다. 당신과 함께 기뻐하고 오늘 우리가 가진 자원을 믿도록 노력하겠다.

연습 양극화 현상 탐색하기

탐구하고 싶은 양극화 현상을 선택하라. 앞의 정보를 참고하여 다음의 단계를 따라가라.

1. 양극화된 부분들을 파악한다

시간을 갖고 당신이 궁금해하는 상황을 체크하라. 대상이 되는 부분들이 정말로 양극화되어 있는지 확인하라. 그들은 서로에 대해 상당히 축적된 에너지를 품고 있는가? 시간을 갖고 부분들 사이를 왔다 갔다 하면서 다음의 정보를 기록하라.

	부분 A	부분 B
부분의 이름		
당신 몸에서 어떻게 느껴지는가?		
어떤 모습인가?		
어떤 이야기를 하는가?		

2. 각 부분을 분리시켜 참자아 상태에 있도록 한다

양쪽 부분들에게 당신이 그들을 이해하며 그 둘 사이의 관계를 탐색하고 싶다는 사실을 알려주라. 이를 위해 그들이 기꺼이 분리되고자 하는지 알아보라. 한 부분에 대해 P2~P5단계(부록 A, 159~161쪽 참조)를 하고 나서 상대방 부분으로 넘어간다.

	부분 A	부분 B
분리될 용의가 있는가?		
분리되는 것에 대한 염려		
등장하는 염려 부분들		

3. 각 부분의 역할, 긍정적인 의도, 다른 부분과의 갈등을 명료화시킨다

	부분 A	부분 B
당신 시스템 안에서의 역할		
당신을 위한 긍정적 의도		
다른 부분과의 갈등		
두려움		

4. 각 부분과 신뢰관계를 발전시킨다

	부분 A	부분 B
신뢰할 수 있기 위해 부분이 참자아에게 필요로 하는 것		

5. 추방자에 대해 작업할 것인지, 갈등해소 작업을 할 것인지 결정한다

만약 추방자 작업이 우선 필요하다면 한 부분이나 양쪽 부분에 대해 추방자와 작업하기 위한 단계를 따르라(부록 A, 161~164쪽 참조). 그들은 동일한 추방자를 보호하고 있을 수도 있다.

	부분 A	부분 B
부분이 갈등해소 대화를 할 준비가 되었는가?		
그렇지 않다면 보호받고 있는 추방자와 작업하고 싶어 하는가?		
보호받고 있는 추방자		

6. 참자아의 안내하에 각 부분이 다른 부분과 대화를 갖도록 각 부분에게 허가를 구한다

부분들이 갈등해소 대화를 할 준비가 되었는지 다시 체크하라.

	부분 A	부분 B
부분이 갈등해소 대화를 할 준비가 되었는가?		
그렇지 않다면 이유는 무엇인가?		

7. 각 부분은 자신의 입장을 진술한 다음 상대방에 대해 반응한다

	부분 A	부분 B
기본 입장		
반응		

8. 각 부분은 상대방의 이야기를 경청하고 그에 따라 반응한다(진정한 대화)

	부분 A	부분 B
대화가 진행되면서 사고의 전환이 이루어지는 것에 유의하라.		

9. 양극화의 해소

	부분 A	부분 B
해법		

조견표

염려하는 부분과 보호자

당신 자신에 대한 작업 진척도를 파악하는 데 이 요약본을 활용한다.

1단계 : 보호자 알아가기

P1. 부분에 접근하기

- 만약 부분이 활성화되어 있지 않으면 활성화되었던 최근 상황에 당신이 처해 있다고 상상하라.
- 당신 몸에서 그 부분을 감지하거나 그 부분의 이미지를 끌어내라.

P2. 표적 부분 분리시키기

- 당신이 지금 부분의 감정으로 꽉 차 있는지 체크하라.
- 당신이 지금 부분의 신념에 붙들려 있는지 체크하라.
- 만약 당신이 표적 부분과 혼합되어 있다면 다음의 몇 가지 선택사항 중에서 분리시키기 방법을 고른다.
  - ➤ 부분을 알아갈 수 있도록 당신에게서 분리되어 달라고 요청하라.
  - ➤ 부분으로부터 분리되기 위하여 내면적으로 뒤로 물러서라.

➢ 당신과 거리를 두고 떨어져 있는 부분의 이미지를 머릿속에 그리라.

➢ 짧은 시간 동안 중심 잡는 혹은 안정을 되찾는 명상을 하라. 부분을 그려보라.

- 만약 부분이 분리되지 않으면 분리될 경우 어떤 일이 일어날까 봐 두려워하는지 물어보라.

- 부분에게 분리되면 어떤 유익이 있는지 설명하라. 그리고 그가 가진 두려움에 대해 안심시키라.

P3. 참자아 리더십 체크하고 염려하는 부분 분리시키기

- 지금 표적 부분을 향하여 어떤 느낌이 드는지 체크하라.

- 만약 당신이 긍휼히 여기는 마음과 호기심 등을 느끼면 당신은 참자아 상태에 있는 것이므로 P4로 옮겨갈 수 있다.

- 만약 그렇게 느끼지 못하면 염려하는 부분을 분리시키라.

  ➢ 마음의 문을 열고 표적 부분을 알아갈 수 있도록 염려하는 부분이 잠깐만 비켜설 의향이 있는지 물어보라.

  ➢ 만약 의향이 있다면 그 표적 부분을 향하여 어떤 느낌이 드는지 다시 체크하라. 반복하라.

  ➢ 만약 비켜설 의향이 없다면 비켜서면 어떤 유익이 있는지 염려하는 부분에게 설명하라.

  ➢ 만약 여전히 주저한다면 비켜설 경우 무슨 일이 일어날까 봐 두려워하는지 물어보라. 그리고 그가 가진 두려움에 대해 안심시키라.

  ➢ 만약 여전히 주저한다면 염려하는 부분을 표적 부분으로 만들어 작업하라.

P4. 보호자 알아가기

- 부분에게 자신에 대해 이야기해달라고 부탁하라.

- 부분은 말이나 이미지 혹은 신체 감각이나 감정, 직관으로 답할 수 있다.

  ➢ 당신은 어떤 일을 하고 있습니까? 당신의 역할은 무엇입니까?

  ➢ 당신은 어떤 느낌이 듭니까? 어떤 것 때문에 그렇게 느낍니까?

  ➢ 당신은 사람들에게 어떻게 대합니까? 다른 부분들과는 어떻게 상호작용합니까?

  ➢ (외부 사건이나 감정에 대해) 어떤 느낌이 듭니까?

  ➢ 얼마나 오랫동안 (이 역할을) 해오고 있습니까?

  ➢ 당신은 우리를 위해 어떤 것을 바라고 있습니까? (이 역할을 함으로써) 어떤 것을 성취하고자 합니까?

  ➢ 만약 당신이 이 역할을 하지 않으면 어떤 일이 일어날까 봐 두려워합니까? (이 질문은

그 부분이 보호하고 있는 추방자로 향하게 만든다.)

P5. 보호자와 신뢰관계 발전시키기

- 보호자에게 다음과 같이 이야기(진실일 경우)를 해줌으로써 신뢰를 쌓을 수 있다.
  - ➤ 당신이 그 역할을 왜 하는지 이해합니다.
  - ➤ 나를 위해 기울여준 당신의 노력에 감사합니다.

추방자들

당신 자신에 대한 작업 진척도를 파악하는 데 이 요약본을 활용한다. 파트너 작업을 할 때도 사용할 수 있다.

2단계 : 추방자와의 작업을 허락받기

- 필요하면 보호자에게 추방자를 보여달라고 요청하라.
- 추방자를 알아가기 위해 보호자의 허락을 구하라.
- 보호자가 허락하지 않는 경우, 당신이 추방자에 접근하면 무슨 일이 일어날까 봐 두려워하는지 물어보라.
  - ➤ 추방자가 너무 큰 고통을 안고 있다. 당신이 참자아 상태에 있으면서 추방자를 알아갈 것이며 추방자의 고통에 바로 뛰어들지는 않겠다고 설명하라.
  - ➤ 고통 속으로 들어갈 이유가 없다. 당신은 추방자를 치유할 수 있다고 설명하라.
  - ➤ 보호자의 역할이 없어지게 되어 제거당할 것이다. 보호자는 당신의 정신세계에서 새로운 역할을 택할 수 있다고 설명하라.

3단계 : 추방자 알아가기

E1. 추방자에게 접근하기

- 당신 몸에서 그 부분을 감지하거나 그 부분에 대한 이미지를 떠올리라.

E2. 추방자 분리시키기

- 만약 당신이 추방자와 섞여 있다면
  - ➤ 당신이 도와주러 갈 테니 추방자에게 그 감정들을 표출하지 말고 품고 있으라고 요청하라.

> ➤ 의식적으로 추방자와 분리되어 참자아 상태로 돌아오라.

> ➤ 당신과 거리를 두고 떨어져 있는 추방자의 이미지를 머릿속에 그리라.

> ➤ 중심을 잡거나 안정을 유지하도록 하라.

- 만약 추방자가 자신의 감정을 품고 있지 않으려 한다면

  > ➤ 품고 있을 경우 무슨 일이 일어날까 봐 두려워하는지 물어보라.

  > ➤ 당신이 정말로 그 부분의 감정과 이야기를 목격하고 싶은데, 그렇게 하기 위해서는 분리될 필요가 있다고 설명하라.

  > ➤ 의식적인 섞임 : 만약 당신이 그 부분을 수용할 수 있다면, 추방자의 고통을 느껴보는 것도 괜찮다.

E3. 염려하는 부분 분리시키기

- 추방자를 향하여 어떻게 느끼는지 체크하라.
- 만약 당신이 참자아 상태에 있지 않거나 긍휼히 여기는 마음이 느껴지지 않는다면 염려하는 부분들을 분리시키라.
- 그들은 보통 추방자의 고통으로 혹은 추방자가 장악함으로 인하여 그에게 압도당하게 되는 것을 두려워한다.
- 당신은 참자아 상태에 있을 것이며 추방자에게 장악할 힘을 주지 않을 것이라고 설명하라.

E4. 추방자 알아가기

- 다음과 같이 질문하라. 어떤 느낌입니까? 어떤 것 때문에 그렇게 느낍니까?

E5. 추방자와 신뢰관계 발전시키기

- 추방자에게 당신이 그 이야기를 듣고 싶어 한다고 이야기해주라.
- 당신이 그 부분을 향하여 긍휼히 여기는 마음과 돌봐주고 싶은 마음이 든다고 이야기해주라.
- 추방자가 곁에 당신이 있다는 것을 인지하고 있는지, 그 부분이 당신의 긍휼히 여기는 마음에 어떻게 반응하고 있는지를 체크해보라.

4단계 : 어릴 적 기억에 접근하고 목격하기

- 추방자에게 어릴 적에 이런 느낌을 갖게 되었던 때의 이미지나 기억을 보여달라고 요청하라.
- 추방자에게 어떻게 해서 이것으로 인해 그런 느낌을 갖게 되었는지 물어보라.

- 추방자가 당신에게 보여주고 싶었던 모든 것을 다 보여주었는지 확인하라.
- 목격한 후에 추방자의 마음이 얼마나 상했는지 당신이 이해하고 있다는 사실을 추방자가 믿고 있는지 체크하라.

5단계 : 추방자 재양육하기

- 참자아 상태의 당신이 어릴 적 상황으로 들어가 추방자를 치유하거나 이미 일어났던 사건을 바꾸기 위해 당신이 도와줄 수 있는 것이 있는지 추방자에게 물어보라. 그리고 나서 당신의 내적 상상력을 통해 추방자에게 필요한 것들을 제공하라.
- 추방자가 재양육에 어떻게 반응하고 있는지 체크하라.
- 만약 추방자가 당신을 인지하지 못하거나 당신의 돌봄을 받아들이고 있지 않다면 이유가 무엇인지 물어보고 그에 대해 작업하라.

6단계 : 추방자 데리고 나오기

- 추방자가 필요로 할 만한 것들 중의 하나는 어릴 적 환경으로부터 벗어나는 것이다.
- 당신은 추방자를 당신의 현재의 삶 가운데 있는 어떤 장소나 당신 몸 안에 있는 어떤 장소 혹은 상상의 장소로 데리고 갈 수 있다.

7단계 : 추방자의 짐 내려놓기

- 추방자가 짊어지고 있는 짐(극단적인 감정이나 신념)을 파악하라.
- 추방자에게 그 짐을 포기하거나 내려놓고 싶은지 그리고 그렇게 할 준비가 되었는지 물어보라.
- 만약 추방자가 그렇게 하길 원치 않는다면 짐을 내려놓으면 무슨 일이 일어날까 봐 두려워하는지 물어보라. 그리고 그가 가진 두려움을 다루라.
- 추방자는 몸 안에 혹은 몸 어딘가에 어떻게 짐을 짊어지고 있는가?
- 추방자는 짐을 어디에 내려놓고 싶어 하는가? 빛, 물, 바람, 흙, 불, 혹은 그밖에 다른 것이 될 수 있다.
- 일단 짐을 내려놓으면 추방자 안에 어떤 긍정적인 품성이나 감정이 살아나는지 혹은 추방자가 어떤 긍정적인 품성을 받아들이고 싶어 하는지 주목하라.

8단계 : 통합과 보호자의 짐 내려놓기

- 변화된 추방자를 보호자에게 소개하라.
- 보호자가 자기의 보호 역할이 더 이상 필요하지 않음을 이제 깨닫게 되었는지 보라.
- 필요하면 짐 내려놓기를 통해 보호자를 받아들이고 어떤 긍정적인 품성이 살아나는지 주목하라.
- 보호자는 당신의 정신세계에서 새로운 역할을 선택할 수 있다.
- 원래의 기점에 있는 당신 자신을 상상하고 활성화되는 부분들이 있는지 보라.

명상

다음은 세 가지 명상에 대한 축어록이다.

명상 축어록 : 참자아 상태로 들어가기

시간을 내어 당신 자신을 조용히 가라앉히고 내면으로 들어간다.

허리를 곧게 펴고 앉는다. 호흡에 주의를 기울이고 천천히 심호흡을 진행한다.

몸을 약간 좌우로 움직여 안정을 찾는다.

다리의 무게를 느껴본다. 그리고 긴장을 늦춘다.

팔의 무게를 느껴본다. 그리고 긴장을 늦춘다.

어깨를 늘어뜨린다. 그리고 입을 약간 벌린다.

시원한 흰빛 물안개를 들이쉬고 잿빛 안개를 내쉰다.

긴장이 늦춰지고 고요해진다.

흰빛 물안개를 들이쉰다. 잿빛 안개를 내쉰다.

들이쉬고 내쉰다.

들이쉬고 내쉰다.

손님맞이 집

젤라루딘 루미 지음

인간이란 존재는 손님을 맞는 집이다.

매일 아침 새로운 사람이 찾아온다.

기쁨, 우울, 언짢음,

어떤 순간적인 자각이 찾아온다.

기대하지 않았던 방문객처럼

그것들 모두를 환영하고 환대하자!

비록 집안을 온통 쓸어버리고

가구를 내던지는 슬픔 덩어리일지라도

조용히 손님 하나하나를 귀빈으로 대접하자.

그는 당신을 청소해주고 있는지 모른다.

새로운 기쁨을 얻기 위해

어두운 생각, 수치심, 악의,

문간에서 웃으며 그들을 맞이하고

안으로 초대하자.

누가 오든 감사하자.

손님 하나하나는 멀리서 안내자로 온 사람이므로.

이제 시간을 내어 당신 집에 어떤 손님이 찾아왔는지 본다. 그들이 자신들을 소개할 때 한 사람씩 주목한다. 그들을 알아볼 수 있다. 생각으로… 느낌으로… 몸 안 혹은 몸 주위의 감각으로… 산만함으로… 기억으로….

손님 하나하나를 안으로 초대하면서 테이블에 둘러앉게 한다. 부엌 테이블일 수도 있고, 커다란 정찬 테이블일 수도 있으며, 회의실 테이블일 수도 있고, 캠프파이어 같은 것일 수도 있다.

당신은 이 테이블 머리에 자리한다. 각 손님들이 자리를 잡는 동안 인사를 건넬 수 있도록. 이곳에 온 그들을 환영한다. 모두를 환영한다. 크든 작든, 활발하든 시무룩하든, 분명하든 잘 보이지 않든. 당신이 이 테이블 머리에 있는 느낌이 어떤지 보라. 모든 것을 인정하라.

준비가 되었으면 천천히 방으로 되돌아나온다.

명상 축어록 : 보호자에게 감사하기

눈을 감고 내면으로 들어간다. 몸의 감각에 주의를 기울이는 것으로 시작한다. 이 순간에 당신이 자각하는 감각을 인지한다. 그리고 그 감각들과 함께한다. 당신의 아랫배에서 어떤 일이 일어나고 있는지 만져본다. 그리고 이 순간에 당신 몸의 긴장을 늦춘다.

이제 당신이 작업하였던 몇 개의 보호자를 떠올린다. 시간을 내어 각각의 보호자가 당신을 어떻게 도우려 애써왔는지 자각하라. 비록 그 효과가 부정적이더라도 각각의 보호자는 당신이 고통을 느끼지 못하도록 혹은 추방자가 해를 입지 않도록 애쓰고 있다. 각자는 당신을 향해 긍정적인 의도를 가지고 있다. 각각의 보호자가 어떤 긍정적인 의도를 가지고 있는지 인지한다.

당신의 보호자들은 당신을 보호하기 위해 수년 동안 일해오고 있었다는 사실을 자각한다. 많은 보호자가 지금까지의 당신 삶에서 매우 열심히 일해왔다.

그중의 어떤 것은 당신의 고통이나 혼란 가운데로 빠지지 않도록 하기 위해서는 자신이 하고 있는 일이 절대적으로 필요하다고 생각한다. 또 어떤 보호자는 당신이 판단받거나 통제받거나 공격당하거나 버림받지 않도록 하기 위해서는 자신의 임무가 절대적으로 필요하다고 생각한다. 보호자는 자신의 임무를 내켜 하지 않을 수 있으나 누군가는 그 일을 해야 한다고 믿는다. 비록 그들의 노력이 역효과를 낳거나 당신에게 심각한 문제를 야기할지라도 그들의 마음은 진심이고 그들은 당신이 잘되기를 바란다.

시간을 내어 당신을 대신하여 그들이 힘들게 감당했던 사실에 대해 감사한다. 다른 부분들이 그들을 판단했을 수도 있고, 그들이 사라지면 좋겠다고 바랐을 수도 있다. 그러나 이제 당신을 도우며 보호하려는 그들의 노력에 감사하자. 또한 고통을 피하려는 절박한 마음을 가진 그들을 향해 긍휼히 여기는 마음을 느껴보자.

보호자들이 당신을 위해 어떤 일을 하려고 애써왔는지 이해하고 있으며, 그들의 노력에 감사하며 그들을 향해 마음을 열고 있다고 이야기해준다. 그들이 어떻게 당신의 말에 반응하고 있는지 감지한다. 내면을 살피고 바로 지금 당신이 어떤 느낌이 드는지 감지한다.

이제 천천히 당신 자신을 방 안의 현실로 되돌려놓는다.

명상 축어록 : 활성화된 추방자 달래기

잠시 멈춘 후 내면으로의 여정을 시작한다.

앉거나 누울 수 있는 안전하고 편안한 장소를 찾는다.

등을 곧게 펴고 호흡이 자유롭게 이루어지도록 한다.

이제 당신의 호흡에 주의를 기울인다.

호흡이 자각되면 호흡이 빠른지 느린지 감지한다.

가슴으로만 들이쉬는가?

숨을 들이쉴 때 숨이 아랫배까지 내려갈 수 있는지 본다.

들이쉬고 내쉰다.

마음을 가라앉히는 데 도움이 되는 호흡패턴은 다음과 같다.

　두 박자 동안 들이쉰다.

　두 박자 동안 숨을 멈춘다.

　두 박자 동안 내쉰다.

　두 박자 동안 숨을 멈춘다.

눈을 감고 이 호흡패턴을 세 번 반복한다.

이 패턴이 편해지면 숨을 멈추는 박자 수를 늘릴 수도 있다.

이제 잠깐 시간을 내어 당신의 몸을 체크하고 어떤 것이 자각되는지 감지한다.

　어디가 긴장하고 있는가?

　어디가 열려 있는가?

　어디가 뭉쳐 있거나 통증이 있는가?

　어디가 들떠 있거나 에너지가 자유로이 흐르는가?

숨을 주의를 기울여야 할 부분으로 가져간다.

주의나 지지를 기울일 필요가 있는 부분에 손을 얹을 수도 있다.

종종 이 신체 감각들은 감정이 활성화된 결과일 수 있다.

그것들은 최근 활성화된 우리의 어린 부분들을 품고 있거나 나타내고 있는 것이다.

주의를 기울이거나 달래줄 필요가 있는 기억이 떠오를 수 있다.

호흡을 그대로 유지하면서 저절로 떠오르도록 만든다.

발을 방바닥에 대고 어깨와 턱은 긴장을 늦춘다.

과거의 어떤 고통을 품고 있는 어린아이 부분이 감지될 수 있다.

기억하라. 당신은 지금 어릴 적보다 더 많은 역량과 힘을 가지고 여기에 있음을.

당신은 긍휼히 여기는 마음과 지지할 수 있는 역량을 가지고 있다.

큰 거리와 깊은 지혜가 있다.

이것을 떠오르는 어린아이 부분들에게 제공한다.

이 어린아이 부분들이 당신에게 요구하는 것이 어떤 것인지 보라.

　자기 이야기에 귀 기울여달라는가

　자기를 구출해달라는가?

　자기를 안아달라는가?

이것들을 어린아이 부분들에게 제공하고 나서 어떤 느낌이 드는지 체크하라.

그리고 당신이 하고 싶은 대로 하라.

당신 가슴에 손을 얹고 몇 번 숨을 쉬면서 활기를 불어넣고 마음의 문을 연다.

들이쉬고 내쉰다.

지금 특별히 돌봄이 필요한 어린아이 부분을 앞으로 나오게 한다.

　지금 이 상처받은 내면아이가 필요로 하는 (긍휼히 여기는 마음을 가지고 양육하는) 부모가 되
　는 것은 어떤 모습인가?

　돌보는 마음으로 그의 고통에 귀를 기울일 수 있는가?

괜찮다면 이 아이를 팔에 안고 있는 모습을 머릿속에 그린다.

당신이 그 아이 곁에 있다는 사실을 알려준다.

이 내면 아이에게 필요로 하는 사랑과 적절하다고 생각되는 것은 무엇이든지(수용, 인정, 격려,
　지지, 감사) 제공한다.

충분하다고 할 정도로 이 아이와 함께 있는다.

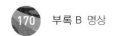

과거로부터 현재로 혹은 그 아이가 보호받을 수 있다고 생각되는 안전한 장소로 데리고 가도 되겠
느냐고 제안한다.
이제 마음 가는 대로 한다.

그 아이가 편한 곳에 있게 되면
손가락과 발가락을 움직여보고 천천히 방 안의 현실로 되돌아온다.

용어해설

건강한 역할 : 아무런 짐이 없을 때 부분의 자연스러운 기능을 말한다. 건강한 부분은 건강한 역할을 가진 부분이다.

관리자 : 추방자의 고통이 솟아오르지 않도록 당신 삶과 정신세계를 앞서서 조정하려 애쓰는 보호자를 말한다.

극단적인 역할 : 부분이 과거로부터 짐을 지고 있거나 보호자가 추방자를 보호하려 애쓰고 있기 때문에 문제를 일으키는 역기능적 역할을 말한다. 극단적인 부분은 극단적인 역할을 갖고 있는 부분이다.

긍정적인 의도 : 각 부분의 저변에 있는 긍정적인 동기를 말한다. 비록 그 역할의 결과가 부정적일지라도 부분이 하는 역할은 당신을 돕거나 보호하려는 시도다.

데리고 나오기 : 참자아가 추방자를 해로운 어릴 적 상황으로부터 안전하고 편한 장소로 옮겨주는 IFS 프로세스의 단계를 말한다.

목격하기 : 참자아가 부분이 짊어지게 된 어릴 적 사건을 목격하는 IFS 프로세스의 단계를 말한다.

보호자 : 당신 내면에서 솟아오르는 고통을 막거나 혹은 가슴 아픈 사건이나 당신의 현재 삶의 고통스러운 관계로부터 당신을 보호하려 애쓰는 부분을 말한다.

부분 : 자신만의 감정, 인식, 신념, 동기, 기억을 가지고 있는 소인격체를 말한다.

부분에 접근하기 : IFS를 사용하여 부분과 작업할 수 있도록 이미지나 감정, 신체 감각, 내면대화를 통해

경험적으로 부분에 초점을 맞추는 것을 말한다.

부분의 활성화 : 한 부분이 어떤 상황이나 사람에 의해 자극받아 당신의 감정과 행동에 영향을 끼치는 현상을 말한다.

분리시키기 : 당신이 참자아 상태가 되도록 당신과 섞여 있는 부분을 분리시키는 것을 말한다.

섞임 : 한 부분이 당신의 의식을 장악하여 당신이 그 감정을 느끼고 그 태도가 사실임을 믿으며 그 충동을 따라 행동하는 상황을 말한다. 섞임은 활성화의 보다 극단적인 형태다.

소방관 : 고통으로부터 주의를 돌리거나 마비시키기 위해 추방자의 고통이 올라오기 시작할 때 충동적으로 뛰어드는 보호자의 유형을 말한다.

시작점 : 하나 또는 그 이상의 부분들을 포함하는 심리적인 문제를 말한다. 이것을 따라가면 치유가 일어난다.

암묵적 기억 : 모호한 신체 감각이나 조각난 이미지로 나타나는 어릴 적 기억을 말한다. 실제 사건이나 관계의 부분적인 감각만을 제공한다.

양극화 : 당신이 행동하거나 느끼는 방식에 대해 두 부분이 갈등관계에 있는 상황을 말한다.

어릴 적 기억 : 추방자가 짐을 짊어지게 만든 고통이나 심리적 외상을 유발한, 어릴 적 사건이나 관계를 말한다.

역할 : 한 부분이 당신을 돕기 위해 수행하는 임무를 말한다. 주로 내면적인 것이지만 사람과 상호작용하고 세상에서 행동하는 방식을 포함할 수도 있다.

염려하는 부분 : 표적 부분을 향하여 판단하거나 화를 내는 부분을 말한다. 당신이 염려하는 부분과 섞여 있으면 당신은 참자아 상태에 있는 것이 아니다.

의식의 자리 : 당신의 정체성, 선택, 감정 및 인식을 결정하는 정신세계의 장소를 말한다. 부분들이 섞임을 통해 의식의 자리를 장악할 수는 있지만 천부적으로 의식의 자리를 차지하는 것은 참자아다.

의식적인 섞임 : IFS 프로세스에 도움이 될 수 있도록 당신이 한 부분의 감정을 느끼고자 선택한 상황을 말한다. 당신이 섞여 있지만 필요하면 쉽게 분리되어 나올 수 있다는 사실을 자각하고 있는 상태다.

재양육 : 추방자가 기분 좋아지기 위해, 혹은 해로운 어릴 적 상황을 바꾸기 위해 필요한 것을 참자아가 추방자에게 제공해주는 IFS 프로세스의 단계를 말한다.

적극적 경청 : IFS 회기 중 누군가의 목격자가 되어 그의 경험을 이해하고 반영하는 상황을 말한다.

짐 내려놓기 : 참자아가 내면 의식을 통해 추방자의 짐을 내려놓는 IFS 프로세스의 단계를 말한다.

짐 : 과거, 보통 어릴 적의 해로운 상황이나 관계의 결과로 부분이 짊어진 고통스러운 감정 혹은 당신 자신이나 세계에 대한 부정적인 신념을 말한다.

참자아 : 진짜 당신 자신이며 영적 중심이 되는 당신의 핵심적인 면을 말한다. 참자아는 긴장을 늦추고 마음이 열려 있으며, 당신 자신과 타인을 수용한다. 호기심, 긍휼히 여기는 마음을 가지고 침착할 뿐만 아니라 다른 사람들 및 당신의 부분들과 관계를 맺는 데 관심을 갖고 있다.

참자아 리더십 : 당신 삶에서 결정을 내리고 행동을 하기 위해 당신의 부분들이 참자아 상태의 당신을 신뢰하는 상황을 말한다.

추방자 : 과거부터 고통을 짊어지고 있는 어린아이 부분을 말한다.

표적 부분 : 어떤 순간 작업하기 위해 당신이 초점을 맞추는 부분을 말한다.

부록D

참고자료

IFS 치료사 찾아보기 : IFS 공식 기구인 Center for Self Leadership의 웹사이트에 IFS 과정을 수료한 치료사들과 임상가들의 명단이 지역별로 정리되어 있다. 많은 치료사들이 전화로 IFS 회기를 진행하고 있다. www.selfleadership.org

IFS 전화강좌 : 일반 대중을 위한 IFS 기초반, 추방자반, 내면비판자반, 섭식장애반이 개설되어 있다. bonnieweiss@gmail.com 혹은 early.jay@gmail.com으로 이메일을 보내도 된다.

내면비판자와 내면승리자를 위한 내면비판자 설문지와 프로파일링 프로그램 : www.psychemaps.com에서 구할 수 있다. (역자의 번역서 자기비판을 자신감으로 변화시키기 : 내면비판자의 소인격체 클리닉의 부록에도 실려 있다.)

책

참자아가 이끄는 소인격체 클리닉(*Self-Therapy: A Step-by-Step Guide to Creating Wholeness and Healing Your Inner Child Using IFS*). 제이 얼리 지음. 혼자서 혹은 파트너와 함께 IFS 회기를 진행하는 법을 보여준다. 또한 치료사가 사용할 수 있는 IFS 방법의 매뉴얼이기도 하다.

자기비판을 자신감으로 변화시키기 : 내면비판자의 소인격체 클리닉(*Activating Your Inner Champion Instead of Your Inner Critic*). 제이 얼리, 보이 와이스 공저. 내면비판자의 일곱 유형을 설명하고 있고 당신의 유형을 자세하게 프로파일 해준다. 각 유형은 해당 비판자를 변화시키는 특효약인 내면승리자를 가지고 있다. 이 번역서의 부록에는 제이 얼리와 보니 와이스가 지은 *Freedom from Your Inner Critic: A Self-Therapy Approach* 및 보니 와이스가 지은 *Illustrated Workbook for Freedom for Your Inner Critic*의 핵심적인 프로세스가 실려 있다.

Freedom From Your Inner Critic: A Self-Therapy Approach. 제이 얼리, 보니 와이스 공저. 워크북 자매서는 웹사이트 www.personal-growth-programs.com에서 다운로드받을 수 있다.

The Pattern System. 제이 얼리 지음. 패턴 시스템은 성격을 이해하기 위한 체계적인 접근법으로서 심리치유와 개인 성장으로 직접 나아가게 해준다. 이 책은 상담가/치료사, 심리학자 및 일반 대중을 위해 시스템의 개관을 제공해준다.

Pattern Books. 패턴 시스템에 나오는 패턴을 다섯 권으로 나누어 출판한 것이다. 각 권은 패턴을 적극적으로 작업하도록 해주며 웹에 있는 워크북과 연결되어 있다. 패턴을 변화시키며 삶 가운데 건강한 역량을 드러내는 연습을 할 수 있게 해주는 이 다섯 권의 책은 다음과 같다. *Embracing Intimacy*, *Taking Action(Procrastination)*, *Letting Go of Perfectionism*, *Beyond Caretaking* 및 *A Pleaser No Longer*.

내면가족체계치료(Internal Family Systems Therapy). 리처드 슈워츠 지음. IFS에 대한 가장 중요한 전문서이며 치료사들의 필독서다.

Introduction to the Internal Family Systems Model. 리처드 슈워츠 지음. 내담자와 잠재적 내담자들을 위해 부분들과 IFS를 소개하는 기초 입문서다.

The Mosaic Mind: Empowering the Tormented Selves of Child Abuse Survivors. 리처드 슈워츠, 레지나 굴딩 공저. 외상, 특히 성학대에 대한 IFS 치료를 다룬 전문서다.

You Are the One You've Been Waiting For: Bringing Courageous Love to Intimate Relationships. 리처드 슈워츠 지음. 친밀한 관계에 대해 IFS 관점을 제공하는 대중서다.

Self-Therapy Card Deck. 보이 와이스 지음. 참자아가 이끄는 소인격체 클리닉에 나오는 그림을 사용하여 IFS 프로세스를 설명하고 있다.

오디오 제품

명상 : IFS 프로세스의 각 단계에 대한 명상과 모든 내면비판자의 내면승리자를 일깨우는 데 도움이 되는 명상을 제작하였다. http://www.personal-growth-programs.com/ecomm/index.php?route=product/category&path=60

회기 데모 : 보이 와이스와 제이 얼리가 인도하는 회기 데모 선집이다. IFS 프로세스 각 단계뿐만 아니라

실제 내담자가 IFS 프로세스를 어떻게 경험하는지를 보여주는 모든 회기 데모도 있다. 또한 각 내면비판자에 대한 작업도 실려 있다. www.personal-growth-programs.com/ecomm/index.php?route=product/category&path=72

웹 기반의 참고자료

Self-Therapy Journey. 제이 얼리 지음. 패턴 시스템과 IFS를 기반으로 한 개인성장과 심리치유를 위한 웹 애플리케이션이다. 심리적인 문제, 이야기들, 체크리스트, 안내받으며 일기쓰기, 안내받으며 명상하기, 맞춤형 보고서, 숙제 연습에 대한 설명도 실려 있다.

Bonnie J. Weiss, LCSW

샌프란시스코 베이 지역에 살고 있는 IFS 치료사, 슈퍼바이저

[저서]

자기비판을 자신감으로 변화시키기 : 내면비판자의 소인격체 클리닉(Activating your Inner Champion), Freedom for Your Inner Critic, Illustrated Workbook for Freedom for Your Inner Critic, Letting Go of Perfectionism

이진선

미국 러트거스대학교 유전학(박사)
미국 예일대학교 의과대학 분자의학(박사후과정)
백석대학교 기독신학대학원 목회학(석사)
삼성의료원 근무
Official Lead Trainer in Internal Systems Therapy(국제자격증)
IFS코칭상담사
MBTI 강사(한국MBTI연구소)
STRONG 상담사(어세스타 한국심리검사연구소)
TA 전문상담사(한국교류분석협회)
IIIST Korea 공동대표
한국가정회복연구소 공동대표

[역서]

TA 상담과 심리치료 기법, 소인격체 클리닉, 참자아가 이끄는 소인격체 클리닉, IFS를 통한 분노 치유하기 : 분노의 소인격체 클리닉, 자기비판을 자신감으로 변화시키기 : 내면 비판자의 소인격체 클리닉, 참자아 리더십 조기복원을 위한 소인격체 클리닉

이혜옥

성산효대학원대학교 가족상담학(박사)

웨스트민스터 신학대학원대학교 출강

Official Lead Trainer in Internal Systems Therapy(국제자격증)

IFS코칭상담사

심리치료사, 사회복지사, 미술치료사

TA 상담사(한국교류분석협회)

(주)휴먼스페이스 EAP 상담사

IIIST Korea 공동대표

한국가정회복연구소 공동대표

(재)자살방지한국협회 성남3지부장

[역서]

소인격체 클리닉, 참자아가 이끄는 소인격체 클리닉, IFS를 통한 분노 치유하기 : 분노의 소인격체 클리닉, 자기비판을 자신감으로 변화시키기 : 내면 비판자의 소인격체 클리닉, 참자아 리더십 조기 복원을 위한 소인격체 클리닉